泉城文库

泉水文化丛书

第一辑　雍坚　主编

五龙潭泉群

耿仝　编著

济南出版社

图书在版编目（CIP）数据

五龙潭泉群 / 耿仝编著 . —— 济南：济南出版社，
2024. 7. —— (泉水文化丛书 / 雍坚主编). —— ISBN
978-7-5488-6601-5

Ⅰ . K928.4

中国国家版本馆 CIP 数据核字第 2024G7Q435 号

五龙潭泉群

WULONGTAN QUANQUN

耿　仝　编著

出 版 人　谢金岭
责任编辑　贾英敏
封面设计　牛　钧
图片统筹　左　庆

出版发行　济南出版社
地　　址　山东省济南市二环南路 1 号（250002）
总 编 室　0531-86131715
印　　刷　济南新先锋彩印有限公司
版　　次　2024 年 7 月第 1 版
印　　次　2024 年 7 月第 1 次印刷
开　　本　160mm×230mm　16 开
印　　张　11.25
字　　数　140 千字
书　　号　ISBN 978-7-5488-6601-5
定　　价　58.00 元

如有印装质量问题 请与出版社出版部联系调换
电话：0531-86131736

总 序

　　文化，源自《周易》中所讲的"观乎人文，以化成天下"。自然形态的泉水，在与人文影响相结合后，才诞生了泉水文化。通过考察济南泉水文化的衍生轨迹，可以看到，泉水本体在历史上经历了从专名到组合名、从组合名到组群名这样一个生发过程。

　　"泺之会"和"鞌之战"是春秋时期发生于济南的两件知名度最高的大事（尽管"济南"这一地名当时尚未诞生）。非常巧合的是，与这两件大事相伴的，竟然是两个泉水专名的诞生。《春秋》记载，鲁桓公十八年（前694），鲁桓公和齐襄公在"泺"相会。"泺"，源自泺水。而"泺水"，既是河名，又是趵突泉之初名。北魏郦道元在《水经注》中推测，泺水泉源一带即"公会齐侯于泺"的发生地。"鞌之战"发生于鲁成公二年（前589），《左传》记述此战时，首次记载华不注山下有华泉。

　　东晋十六国时期，第三个泉水专名——"孝水"（后世称"孝感泉"）诞生。南燕地理学家晏谟在《三齐记》中记载："其水平地涌出，为小渠，与四望湖合流入州，历诸廨署，西入泺水。耆老传云，昔有孝子事母，取水远。感此，泉涌出，故名'孝水'。"北魏时期，郦道元在《水经注》中，所记济南泉水专名有6个，分别是泺水、舜井、华泉、西流泉、白野泉和百脉水（百脉泉）。北宋，济南泉水家族扩容，达到30余处。济南文人李格非热爱家乡山水，曾著《历下水记》，将这30余处泉水详加记述，惜未传世。后人仅能从北宋张邦基所著《墨庄漫录》中知其梗概："济南为郡，在历山之阴。水泉清冷，凡三十余所，如舜泉、爆流、金线、真珠、孝感、玉环之类，皆奇。李格非文叔作《历下水记》叙述甚详，文体有法。曾子固诗'爆流'作'趵突'，未知孰是。"

伴随着济南泉水专名的增加，到了金代，济南泉水的组合名终于出场，这就是刻在《名泉碑》上的"七十二泉"。七十二，古为天地阴阳五行之成数，亦用以表示数量众多，如《史记》载"古者封泰山禅梁父者七十二家"、唐诗《梁甫吟》中有"东下齐城七十二"之句。金《名泉碑》未传世至今，所幸元代地理学家于钦在《齐乘》中将泉名全部著录，并加注了泉址，济南七十二泉的第一个版本因此名满天下。金代七十二泉的部分名泉在后世虽有衰败隐没，但"七十二泉"之名不废，至今又产生了三个典型版本，分别是明晏璧《济南七十二泉诗》、清郝植恭《济南七十二泉记》和当代"济南新七十二名泉"。此外，明清时期，还有周绳所录《七十二泉歌》、王钟霖所著《历下七十二泉考》等五个非典型七十二泉版本出现。如果把以上九个版本的"七十二泉"合并同类项，总量有170余泉。从金代至今，只有趵突泉、金线泉等十六泉在各时期都稳居榜单。

俗语云："物以类聚，人以群分。"意为同类的事物经常聚集在一起，志同道合的人往往相聚成群。当济南的泉水达到一定数量时，"泉以群分"的现象就应运而生了。

20世纪40年代末，济南泉水的组群名开始出现。1948年，《地质论评》杂志第13卷刊发国立北洋大学采矿系地质学科学者方鸿慈所著《济南地下水调查及其涌泉机构之判断》一文，首次将济南泉水归纳为四个涌泉群：趵突泉涌泉群（内城外西南角）、黑虎泉涌泉群（内城外东南角）、贤清泉涌泉群（内城外西侧）和北珍珠泉涌泉群（内城大明湖南侧）。

1959年，山东师范学院地理系教师黄春海在《地理学资料》第4期发表《济南泉水》一文，将济南市区泉水划分为趵突泉泉群、黑虎泉泉群、珍珠泉泉群、五龙潭泉群和江家池泉群。同年，黄春海的同事徐本坚在《山东师范学院学报》第4期发表《泰山地区自然地理》一文，提出济南市区诸泉大体可分为四群：趵突泉泉群、黑虎泉泉群、五龙潭泉群、珍珠泉泉群。此种表述虽然已经与后来通行的表述一致，但当时并未固定下来。1959年11月，山东师范学院地理系编著的《济南地理》（徐本坚是此书的参编者之一）一书中对济南四大泉群又按照方位来命名，分别是：城东南泉群、城中心泉群、城西南泉群、城西缘泉群。

通过文献检索可知，济南四大泉群的表述此后还经历了数次变化和反复。譬如，1964年4月，郑亦桥所著《山东名胜古迹·济南》一书中，将济南四大泉群表述为"趵突泉群、黑虎泉群、珍珠泉群和五龙潭泉群"；1965年5月，山东省地质局水文地质观测总站所编《济南泉水》中，将济南四大泉群表述为"趵突泉—白龙湾泉群、黑虎泉泉群、五龙潭—古温泉泉群和王府池泉群"；1966年，油印本《济南一览》一书中，将济南四大泉群表述为"趵突泉泉群、黑虎泉泉群、五龙潭泉群和珍珠泉泉群"，与1959年发表的《泰山地区自然地理》一文所述一致；1986年，山东省地图出版社编印的《济南泉水》中，将四大泉群复称为"趵突泉群、黑虎泉群、五龙潭泉群和珍珠泉群"；1989年，济南市人民政府所编《济南历史文化名城保护规划图集》将济南四大泉群复称为"趵突泉泉群、珍珠泉泉群、五龙潭泉群和黑虎泉泉群"。此后，这一表述才算固定下来。

2004年4月2日，由济南名泉研究会、济南市名泉保护管理办公室组织进行的历时五年的济南新七十二名泉评审结果揭晓，同时还公布了新划出的郊区六大泉群，这样加上市区原有的四大泉群，就有了济南十大泉群的划分，它们是：趵突泉泉群、黑虎泉泉群、珍珠泉泉群、五龙潭泉群、白泉泉群、涌泉泉群、玉河泉泉群、百脉泉泉群、袈裟泉泉群、洪范池泉群。十大泉群的划分，是本着有利于泉水的保护和管理、有利于旅游和开发的原则，依据泉水的地质结构、流域范围，在20平方公里范围内有泉水数目20处以上，且泉水水势好，正常年份能保持常年喷涌，泉水周围有良好的自然环境和历史文化内涵等标准进行的。

2019年1月，国务院批复同意山东省调整济南市、莱芜市行政区划，撤销莱芜市，将其所辖区域划归济南市管辖。伴随着济莱区划调整，新设立的济南市莱芜区和济南市钢城区境内的泉水，加入济南泉水大家族。2020年7月至2021年7月，济南市城乡水务局（济南市泉水保护办公室）再次开展全市范围内的新一轮泉水普查工作。在泉水普查的基础上，邀请业内专家对新发现的500余处泉水逐一进行评审，新增305处泉水为名泉，其中，莱芜区境内有72泉，钢城区境内有30泉。2023年，在《济南市名泉保护总体规划（2023—2035年）》编制过程中，根据泉水出露点分布情况，结合历史人文要素与自然生态条件划定了十二片泉群，即趵突泉泉群、黑虎泉泉群、珍珠泉泉群、五龙潭泉群、白泉泉群、涌泉泉群、百脉泉泉群、玉河泉泉群、袈裟泉泉群、洪范池泉群、吕祖泉泉群及舜泉泉群。其中，吕祖泉泉群（莱芜区境内诸泉）和舜泉泉群（钢城区境内诸泉）为新增。

稍加回望的话，在市区四大泉群之外，济南郊区诸泉群名称的出现，也是有迹可循的。1965年7月，山东省地质局八〇一队李传谟在油印本《鲁中南喀斯特及其水文地质特征的研究》中记载了今章丘区境内的明水镇泉群（包括百脉泉）、绣水村泉群，今长清区境内的长清泉群，今莱芜区境内的郭娘泉群。据2013年《济南泉水志》记载，20世纪80年代后，省市有关部门及高校有关科研人员和学者，对济南辖区内的泉群及其泉域划分形成了各种不同的说法，但济南辖区内有三个泉水集中出露区和七个泉群的说法，为大多数人所认同。三个集中出露区即济南市区（包括东郊、西郊）、章丘区明水、平阴县洪范池一带；七个泉群即趵突泉泉群、黑虎泉泉群、五龙潭泉群、珍珠泉泉群、白泉泉群、明水泉群、平阴泉群。

泉群是泉水出露的一种聚集形式。泉群的划分，则是对泉水分布所作的人为圈定，如根据泉水分布的地理区域集中性、泉水的水文地质条件进行的划分，以及从泉水景观的保护、管理和开发等角度进行的划分。因此，具体到每个泉群内所含的泉水和覆盖范围，亦是"时移事异"的。以珍珠泉泉群为例，1948 年，方鸿慈视野中的北珍珠泉涌泉群，仅有"北珍珠泉、太乙泉等 8 处以上泉水"；1966 年油印本《济南一览》中，珍珠泉泉群有珍珠泉等 10 泉；1981 年济南市历下区地名办公室所绘《济南历下区泉水分布图》上，将护城河内老城区中的 34 泉悉数列入珍珠泉泉群；1997 年《济南市志》将珍珠泉泉群区域再度缩小，称"位于旧城中心的曲水亭街、芙蓉街、东更道街、院前街之间"，共有泉池 21 处（含失迷泉池 2 处）；2013 年《济南泉水志》将珍珠泉泉群的范围扩大至老城区中所有的有泉区域，总量也跃升为济南市区四大泉群之首，计有 74 处；2021 年 9 月，伴随着"济南市新增 305 处名泉名录"的公布，护城河以内济南老城区的在册名泉（珍珠泉泉群）达到 107 处。

当代，记述济南泉水风貌、泉水文化的出版物已有多种，可谓琳琅满目，而本丛书以泉群为单位，对济南市诸泉进行风貌考察、文化挖掘、名称考证，便于读者从泉水群落的角度去考察、关注、研究各泉的来龙去脉。十二大泉群之外散布的名泉，皆附于与其邻近的泉群后一一记述，以成其全。如天桥区散布的名泉附于五龙潭泉群之后，近郊龙洞、玉函山等名泉附于玉河泉泉群之后。

值得一提的是，本丛书所关注的济南各泉群诸泉，并不限于当代业已列入济南名泉名录的泉水，还包括各泉群泉域内的三类泉水：一是新恢复的名泉，如珍珠泉泉群中新恢复的明代名泉北芙蓉泉；二是历史上曾经存在、后来湮失的名泉，如趵突泉泉群中的道村泉、通惠泉，白泉泉群中的老母泉、当道泉，吕祖泉泉群中的郭娘泉、星波泉；三是现实存在，但未被列入名泉名录的泉水，这些泉水或偏居一隅，鲜为人知，如玉河泉泉群中的中泉村咋呼泉、鸡跑泉，或季节性出流，难得一见，如袈裟泉泉群中的一口干泉、洪范池泉群中的天半泉。在济南泉水大家族中，它们虽属小众，但往往是体现济南泉水千姿百态的另类注脚。

本丛书在编撰过程中参考了《千泉之城——泉城济南名泉谱》等众多当代济南泉水文化出版物，得到了济南市城乡水务局（济南市泉水保护办公室）、济南市勘察测绘研究院、山东省地矿局八〇一水文地质工程地质大队等单位的大力支持，谨此诚致谢忱！

亘古以来，济南的泉脉与文脉交相依存，生生不息。济南文化之积淀、历史之渊源，皆与泉水密切相关。期待这套《泉城文库·泉水文化丛书》开启您对济南的寻根探源之旅！

雍坚

2024 年 6 月 10 日

目 录

五龙潭泉群概述

约 900 年前的一个夜晚，大雨滂沱中，济南城西门外突然一声轰鸣——四望湖突然塌陷，湖底出现一片深渊，湖水呼呼灌入。翌日一早，人们怯怯地出来看，觑到原本辽阔的湖面，已变为一个深潭。

面对突然出现的深潭，人们惊惶万状，坊间充斥着各种传闻。龙行有雨、龙跃于渊，思及于此，更令人惴惴不安。然而，人们没有沉沦下去，而是生出了新的希望。没过多久，一则传说在大街小巷中流传开来，人们将这里说成是唐将秦琼的故宅，宅陷才得潭出。此后，再也没人畏惧这片水潭——怕什么，门神爷镇着呢。

这，就是五龙潭。

济南古城西门外，散布着五龙潭、古温泉、贤清泉、天镜泉、月牙泉、西蜜脂泉、官家池、回马泉、虬溪泉、玉泉、濂泉、东蜜脂泉、洗心泉、静水泉、净池泉、东流泉、北洗钵泉、泺溪泉、潭西泉、七十三泉、青泉、井泉、睛明泉、显明池、裕宏泉、聪耳泉、赤泉、醴泉等 28 处名泉。这些泉大多数都位于天下第一泉风景区五龙潭景区内，构成了五龙潭泉群。

五龙潭泉群的命名是一个渐变的历史过程。1948 年《地质论评》第 13 卷第 22 期刊登的《济南地下水调查及其涌泉机构之判断》一文中，将济南城区诸泉划分为四大泉群，将今五龙潭泉群称为"贤清泉涌泉群"。1959 年，山东师范学院地理系合编的《济南地理》一书提到济南四大泉群时，将这一泉群描述为"以五龙潭为中心的城西缘泉群"。《山东师

001

范学院学报》1959 年第 4 期刊登的《泰山地区自然地理》一文中，则将该泉群直接表述为"五龙潭泉群"。1965 年 5 月，山东省地质局水文地质观测站所编《济南泉水》中，将该泉群称为"五龙潭—古温泉泉群"。此后，"五龙潭泉群"这一命名获得了社会的普遍认同。

五龙潭泉群是济南市区的四大泉群之一，泉水流量在城区泉群中位居第三。据 1959 ~ 1977 年统计，五龙潭泉群平均涌量每日为 3.29 万立方米，最大 8.81 万立方米，最小 0.14 万立方米。据 1973 ~ 1977 年调查，五龙潭泉群平均每日涌量 1.39 万立方米，最大 3.14 万立方米。五龙潭泉群的泉水一部分经生产渠至东工商河，一部分经西护城河至西泺河，最后注入小清河。

泉群中的月牙泉的出水口较高，地下水位达到 29 米时才会喷涌，故该泉是城区诸泉出流最晚的泉池，成为济南地下水位高涨的标尺。泉群中的官家池地势较低，泉水涌出标高水位为 26.3 米，比趵突泉涌出水位低半米多，故该泉是城区诸泉出流最早的泉池。

济南名泉有"七十二"之说，历代诸家所记不尽相同。五龙潭泉群现存诸泉中，金代《名泉碑》著录的有 4 处，分别是贤清泉、温泉（古温泉）、西蜜脂泉、东蜜脂泉；明代《七十二泉诗》著录的有 4 处，分别是贤清泉、温泉（古温泉）、西蜜脂泉、东蜜脂泉；清代《七十二泉记》著录的有 4 处，分别是贤清泉、温泉（古温泉）、天镜泉、蜜脂泉（西蜜脂泉）。当代也曾评选七十二泉，五龙潭泉群中有 11 处被列入"新七十二名泉"，分别是五龙潭、古温泉、贤清泉、天镜泉、月牙泉、西蜜脂泉、官家池、回马泉、虬溪泉、玉泉、濂泉。

五龙潭泉群中还有一些湮没于历史的名泉。其中，双桃泉在金代《名泉碑》、明代《七十二泉诗》、清代《七十二泉记》中均有著录，灰湾泉曾被金代《名泉碑》收录。

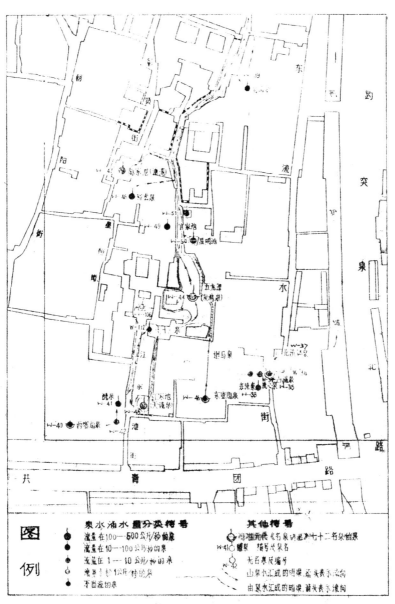

据 1965 年版《济南泉水》，五龙潭—古温泉泉群分布图

五龙潭泉群之外，附近还散布着迎仙泉、无影潭、小无影潭、田庄苇塘、永济泉、云锦泉、铁匠泉等7处孤泉。其中，无影潭为新七十二名泉。

五龙潭泉群中历史名泉相对较少，只有五龙潭、贤清泉、西蜜脂泉、古温泉等几处泉池。过去，这里的泉多隐藏于居民院落、私家园林中，很多泉并无泉名，或只有江家池子、陈家池子、官家池子之类的俗称。有近半数泉名，是20世纪80年代营造五龙潭公园时定名的。

五龙潭泉群一带，自古即园林荟萃之地。北魏时，这里的水域面积颇大，湖畔有大明寺及用于接待往来官员的客亭，北魏地理学家郦道元曾有"左右楸桐负日，俯仰目对鱼鸟，水木明瑟"的赞誉。金元时期，水域面积逐渐缩小，有五龙潭、三娘子湾等大片水域及溪流，临水建有龙祥观、凝碧宫。明代建有霖雨亭、伊人馆，清代又建有鲛人馆、漪园、贤清园、潭西精舍等园林。民国时期，五龙潭附近还建有大量的私家园林。这之后，逐渐归于市井。

1985年，济南市委、市政府决定重新修整泉池、美化周边环境，将五龙潭泉群辟建为集潭、池、溪、港于一体的公园。工程于1986年3月动工，1987年7月28日设立五龙潭公园，并于同年9月27日建成开放，最初占地面积5.44公顷。2008年至2010年，为配合护城河通航工程，公园进行了扩建改造，西扩至筐市街、朝阳街，北扩至周公祠街，东扩至西护城河，使五龙潭公园与环城公园融为一体，公园总面积增至7.5公顷。在扩建范围内，建设了秦琼祠、贤清榭、东大门。2013年3月，五龙潭公园与大明湖景区、趵突泉公园、环城公园整合创建济南天下第一泉风景区，形成了融湖、河、泉为一体的环城风景带。

如今，五龙潭泉群已成为一处以五龙潭为主体景观，由潭、泉、溪、池等景观构成的水景公园。众多水面积不等、形态各异的名泉，构成了独特的泉水景观，质朴野逸，却处处充满着人文气息。

五龙潭

　　五龙潭是五龙潭泉群的主泉，潭周名泉众多。泉池历经整修，今池长 70 米，宽 35 米，深 3.68 米，泉池面积居济南圩子城内诸泉之冠。潭周巉岩嶙峋，绿柳婆娑，水木明瑟。五龙潭溢水标高 25.80 米，涌水量 8600 ～ 43000 立方米 / 日，居五龙潭泉群之首。潭水沿石渠蜿蜒北流，与附近其他泉水汇聚为生产渠。

　　五龙潭的形成，应是地质变化的缘故。根据钻探得知，池底上层是

五龙潭　李华文摄

21.5 米厚的第四纪黏土层，其下是 40 米厚的闪长岩，闪长岩下面是奥陶纪灰岩，由于石灰岩长期被地下水溶蚀，形成溶洞，日久溶洞渐大，由于重力作用，上层黏土和闪长岩塌陷，于是形成深渊。

五龙潭一带最初为一湖，名为"大明湖"（不同于今日之大明湖）。此说见于北魏郦道元著《水经注·济水二》：（泺水）"其水北为大明湖，西即大明寺，寺东北两面侧湖，此水便成净池也。"北魏时期，因湖西岸有一座大明寺而得名"大明湖"。

五龙潭一带又名"四望湖"，其说见于北宋乐史著《太平寰宇记》引《三齐记》的记载：（孝感水）"其水平地涌出为小渠，与四望湖合流入州，历诸廨署，西入泺水。"《三齐记》是山东地区最早的通志之一，早已散失，撰者、卷数、创作时间均不详，约是隋代以前的作品。这说明在北魏后不久，这一片水域就更名为"四望湖"。《太平寰宇记》卷十九"齐州历城县"又载"四望湖"条目，说明"四望湖"一名到北宋时期仍在使用。

伪齐时开凿小清河，导济南城西诸水东去，城西的水域面积迅速减小。金代中后期，因水流、水压等因素的变化，导致地质不稳定，地下溶洞被侵蚀破坏形成塌陷。从此，"湖"变为"潭"。元代张养浩《复龙祥观施田记》是现存最早记载"五龙潭"一名的文献，文中称："闻故老言，此唐胡国公秦琼第遗址，一夕雷雨，溃而为渊。"由此可知，是某年汛期城西行洪的水量突增，导致了早已不稳定的湖底发生塌陷。张养浩在至治元年（1321）六月辞官回到济南，此记写于其后两三年间。文中称龙祥观建成"于今殆八十余年矣"，由此上推 80 年，可知龙祥观始建于 1240 年左右，则五龙潭的形成，以及"秦琼传说"的出现，应是在 1240 年之前的数十年间。

"五龙潭"一名的出现，源自对五方神龙的崇拜，大概出现于金末元初，应比"秦琼传说"的出现还要晚一些。元代赵本立在至正十三年（1353）所撰《重建五龙堂记略》一文中说道："历下名泉众矣，独在城西有潭，深且阔。故老相传，以为斯渊有神龙，故曰五龙潭。"

因五龙潭是自四望湖衍化而来，所以历史上，五龙潭多被认为是一处水潭，而非泉眼。因而，未被金代《名泉碑》、明代《七十二泉诗》、清代《七十二泉记》所著录。2004 年，五龙潭被评为济南新七十二名泉。

近年，五龙潭也曾发生过一次小幅的地质塌陷。2003 年，济南泉水全部停喷，五龙潭水面缩至 10 平方米，地下水位波动对潭底溶蚀裂隙产生了影响。2004 年 10 月 28 日凌晨 3 时，五龙潭底发生了一次塌陷，塌陷坑长 5 米、宽 4 米、深 3 米。10 月 31 日晨再次发生小幅地质变动，潭水部分变浑，一串串水泡冒出，水位上涨了 2 厘米，潭西南临岸路面出现一条长 30 余米、宽 6 厘米的裂缝。12 月 5 日，五龙潭中突然涌起一股黄色浊流。此后重归稳定，至今再未发生过这类情况。

成因分析：大气降水在南部山区入渗补给地下水后，沿岩溶裂隙由南向北形成地下径流，在老城区遇不透水的辉长岩阻挡后，地下水位抬高。五龙潭泉群地下水透过阻水岩体裂隙和第四系土层溢出地表成泉。

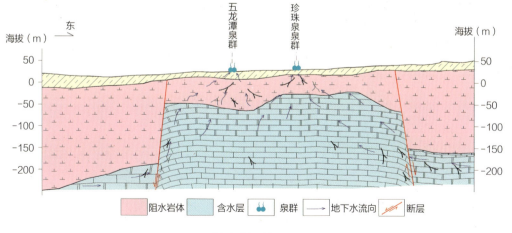

五龙潭泉群成因剖面示意图

　　五龙潭澄澈深邃，成群的鲤鱼、鲢鱼在水中游弋嬉戏，伫立水畔观鱼，大有"波清日暖足优游，去去来来总自由"之感，人称此景为"龙潭观鱼"。雨后新晴之时，潭水湛蓝，薜苔靛青，显得格外清幽，人称"苍生霖雨"，为明代历下十六景之一。

　　五龙潭西岸为名士阁，这里曾是清代潭西精舍旧址。潭西精舍是一处由水榭、谈助亭、杖影阁、曲桥、画壁等建筑组成的园林景观，为当时济南胜景之一，早已不复存在。1965年后，在五龙潭西新建一潭西阁。该阁占地面积253平方米，为歇山二层方楼，四周环以回廊。1994年，"潭西阁"改称"名士阁"。名士阁南侧悬挂有书法家武中奇撰写的"名士阁"牌匾。名士，原指已出名而未出仕的人，泛指以学术、诗文等著称于世之人，以及恃才放达、不拘小节之士。名士阁所在的五龙潭西岸，过去

五龙潭　王啸摄

曾是历下文人贤士聚会之地，故以"名士"相称。名士阁横卧五龙潭西岸，于上俯瞰，正得鱼趣。

名士阁南侧一层廊柱悬挂有楹联："潭影泉声添秋韵，湖光山色醉春风。"大意是，山光和天色倒映在潭里的影子清澈淡秀，伴着四周泉水喷涌汩汩，为秋天增添了更多的韵味；湖和山相映衬的秀丽景色，令春风也为之陶醉。南侧二层廊柱上还有一联：此地传为将军第，未兴曾建藉书园。这是一副追思五龙潭周边历史的楹联，"将军第""藉书园"都是五龙潭畔的人文故事。将军第，指的是秦琼故居，传说唐初名将秦琼曾在五龙潭西侧建有府第。藉书园，指的是清代济南名士周永年在五龙潭畔创立的藉书园。周永年百无嗜好，唯爱书，钟情功在千秋的藏书事业。乾隆初年开始，周永年主张把儒家著作集中在一起供人借阅，以达书尽其用，使一家之藏广于天下。周永年与友人桂馥等在五龙潭畔"买田筑藉书园"，藏书盈十万卷，招徕士子。因当年所建的藉书园只是一个雏形，未正式运转，故联文中称"未兴曾建"。名士阁东侧一层廊柱上也悬挂有楹联："千载神龙潜潭底，一城山色映湖中。"联文大意是：民间传说千年的"神龙"如潜在潭底深处，隐介藏形；满城的山色都倒映在湖水中，尽收眼底。

五龙潭东北岸还有一座渊默亭，亭分五面，青瓦飞檐，临水依山。题额"渊默"，典出《庄子·在宥》"渊默而雷声"的句子，暗含"龙"字，意为潭中有龙。

五龙潭的历史景观

早在北魏时期，五龙潭畔就出现了园林建筑。据《水经注》记载，这片水域西南处曾建有大明寺，这是济南古城附近历史记载最早的佛教寺院。五龙潭水域当时是大明寺的一部分，池边建有客亭等园林建筑，

五龙潭东岸景观　资料片

郦道元因此将其喻为"净池"。客亭周围楸叶桐成荫，站在亭内放眼望去，鸢飞鱼跃，水木明瑟，尽显"物我无违"的自然之美。

此后的岁月里，五龙潭畔逐渐生出了"秦琼故宅""龙潭祈雨""潭西精舍"三大文化元素，并由此衍生出许多建筑景观。

"秦琼故宅"景观

秦琼（？—638），字叔宝，隋末唐初名将。历史上的秦琼以勇猛彪悍著称，是一个于万马军中取人首级如探囊取物的传奇式人物。曾追随李渊、李世民父子为大唐王朝的稳固南征北战，立下了汗马功劳，拜左武卫大将军、翼国公。秦琼病逝后，获赠徐州都督、胡国公，后名列凌烟阁二十四功臣之一。

秦琼是齐州历城（今山东省济南市）人。秦琼的里籍，在《旧唐书》《新唐书》中均称"齐州历城"。自秦琼的父亲秦爱开始，这一支秦氏的籍贯均为"齐州历城"。如贞观二年（628）的秦爱墓志中沿袭隋代旧称"齐郡历城"，永徽三年（652）的秦贞墓志中称"齐州历城"。秦琼的几个孙子中，圣历三年（700）的秦佾墓志中称"齐国临淄"，景龙元年（707）的秦利见墓志中亦称"齐郡"，天宝元年（742）秦暧墓志中称"临淄历城人"。"齐郡""临淄"，俱为齐州在不同历史时期的旧称。民间传说中，五龙潭是秦琼故居所在地，秦琼与尉迟恭还一同被尊为门神。

关于秦琼故宅与五龙潭，济南有一个传说：唐玄宗李隆基晚年沉迷女色，宠爱美人杨贵妃，朝政便由贵妃娘娘的堂兄杨国忠把持。一时间奸佞当道，忠贤遭斥，举国上下怨声载道。秦琼的后人常约一些知己好友借酒消愁，酒桌上谈及朝政时难免发发牢骚、吐些怨言。不料，这些议政之语被奸细密报朝廷，皇上听后大怒，立刻下了一道圣旨：查抄秦琼府。就在朝中人马到达济南，正要宣读圣旨时，突然之间乌云翻滚，雷雨交加，大雨倾盆而下。此时，只见秦琼府上空有五条蛟龙盘旋，久久不肯离去。忽然，随着一声震耳巨雷，整个府第沉落不见踪影，遂出现了一处碧水深潭——五龙潭。

秦琼故宅在五龙潭的说法，最早见于元代政治家、文学家张养浩在《复龙祥观施田记》一文中的记载。文中提到五龙潭是唐胡国公秦琼第的遗址，曾"有渔者善游，见阶𬮣皆玉石，尚隐隐可数。又有中酒卧水滨者，梦朱衣延之门，宫殿闳邃，未及入而寤"。张养浩生于至元七年（1270），他是"总丱之年"即10岁左右听闻到五龙潭传说的，此时距五龙潭的形成尚不到百年。

明代后，人们根据秦琼第陷于泓渊的传说，在五龙潭南岸修建了一座祠堂，并将其称为"秦琼故宅"。明崇祯《历城县志》载："秦叔宝宅，在西关沙苑。子孙世以铁冶为业，世称铸铁秦家云。""西关沙苑"位于五龙潭迤西，即今花店街东段一带，有一支秦氏族人世居于此，以铸铁为业，人称"铸铁秦家"。到了清代，西关沙苑附近还有秦氏产业。

嘉庆年间，尹廷兰在其《华不注山房文集》中对复建的秦琼故宅描述较为详细："胡公宅址在铁塔西阛阓间，其地冈阜壤垲，今为客邸，里人所谓花店者也。每岁腊月，卖花者麇集，秦氏裔孙来收花税。其事虽不经，然父老相传已久，不可谓无征矣。"此时，秦氏家族在西关沙苑的祖产也被讹传为秦琼故宅，并成为三家旅店，每逢新年都会有绢花商人来此处贩卖绒花、绢花，秦氏后人每年腊月会来收取花税，这条街巷也因此被命名为"花店街"。

民国后期，秦琼祠堂逐渐破败，后被拆除。仅存清代刻制的"唐左武卫大将军胡国公秦叔宝之故宅"碑一通。清末文人宋恕游览五龙潭时曾看到过此碑，称"五龙潭侧有碑，'唐左武卫大将军胡国公秦叔宝之故宅'"。该碑现立于五龙潭北秦琼祠内西侧，是五龙潭与秦琼传说有关的唯一一件实物证据。碑顶呈圆弧形，碑高190厘米、宽98厘米。碑文两行，行8字，共16字。字为隶书阴文，字高14厘米、宽20厘米，顶"唐""国"二字稍残。

"龙潭祈雨"景观

除了秦琼，五方神龙也是五龙潭周边景观的一大元素。

五龙崇拜始于战国时期，唐玄宗时以祭雨师之仪祭龙王，五龙神被列入国家祀典。宋徽宗大观二年（1108）诏天下五龙皆封王爵，封青龙神为广仁王，赤龙神为嘉泽王，黄龙神为孚应王，白龙神为义济王，黑龙神为灵泽王。金代以后，五龙祭祀退出了官方祭祀，转由民间祭祀。五龙潭泉水从池底和四周涌出，看不到泉眼，只见水涨而溢，古人深信为龙窟，于是这里成了祈雨的地方。

祈雨古称雩祀，是古代地方官员应对旱灾的一种重要手段。在五龙潭出现前，济南古城东南的龙洞是官方祈雨之地。龙洞附近的山崖上留存有大量宋代元丰、熙宁等年间的题记，其内容大多与历次祈雨有关。

在五龙潭形成之后，祈雨的地点就逐渐移至五龙潭。

五龙潭畔出现的第一个祈雨建筑是龙祥观。龙祥观始建于1240年前后，后又名五龙堂、五龙坛、五龙宫、五龙庙。当时，传说五龙潭中藏有神异，百姓不敢就近修筑民舍。有人提出，既然深渊是龙的居所，水底有龙宫，那就该在岸边修建道观，祀五方神龙，以镇守本土，祛除灾难。于是，乡里募集资金，准备物料，聚集建筑工匠，在潭西岸建起了一座龙祥观，并由道士王葆光主持祠事。凡遇水灾、干旱、瘟疫，乡民必往祈愿，有求辄应。

龙祥观据说非常灵验。张养浩曾记载道："凡水旱疠疫，必祷。既祷，恒见应，居民益神之。"为此，他还特意为龙祥观写过一首举行科仪时迎送神用的祝文。

元代祈雨，仍是延续北宋时期官方推荐使用的祈雨方式，如"五龙堂祈雨法""画龙祈雨法""蜥蜴祈雨法""宰鹅祈雨法"等。至元二十九年（1292）至元贞元年（1295）间某年，济南大旱，时任济南府同知的赵孟頫曾来五龙潭祈雨。他先到东郊外的龙洞山祈雨，"顷之，大雨骤至"。一月后又见旱情，赵孟頫至龙祥观"为文以责之"，当夜雷雨大作。

龙祥观此后易名为"五龙堂"。"五龙堂"是北宋各地官方祈雨的场所名称，奉五方龙神，与天齐庙为同一祭祀等级。至正十二年（1352），监宪杨氏曾重修五龙堂。在原来的基础上叠土三尺，然后构堂四楹。殿堂高大明亮，内塑龙像，蜿蜒于梁柱之上。四周围以墙，红色饰面，青瓦覆顶，高大厚实。前筑棂星门，巍然雄峙。门内铺设雨道，规整如矩，直通殿堂。殿堂东西两侧，又建有亭，作为官府祈祷风调雨顺之所。整座建筑宏伟壮观，金碧辉煌。

明代，五龙堂易名为五龙坛、五龙宫，仍是一处祈雨胜地。明代刘

五龙潭畔的五龙壁　耿全摄

敕有诗云：“传是蛟龙宅，龙潜何处寻？坛中台殿古，门外石潭深。”
明万历年间，历城知县张鹤鸣于此“建一霖雨亭，又为鲛人室，祷雨屡应”。

　　五龙潭祈雨之灵应，历数百年，但也有不灵的时候。明代诗人王象
春曾说道：“城西五龙宫，潭水渊泓莫测，有祷则应。”但有两年山东
连续干旱，几靡孑遗，龙王却失灵了。王象春据此认为，对待龙王，小
旱宜祈祷敬之，大旱则宜骂之，若斥责之后仍然不听使唤，则这位龙神
就可以易位了。对此，王象春曾写诗道：“赤龙专政四龙降，焦树枯禾
困此邦。金碧天宫尘不到，想应避暑睡深窗。”

　　清代，五龙宫继续延续祈雨的功能。宫内“塑五龙，盘楹柱如生。
晴午入庙，隐若欲雨”。清代乾隆《历城县志》记载：“五龙潭，在西
门外五龙宫东。潭深不测，疑有蛟龙，大旱搅潭，往往得雨。”清代初年，
山东巡抚蒋陈锡因在五龙宫求雨多应，特重建霖雨亭，并根据《诗经·鄘风》
中的诗句“灵雨既零”将“霖雨亭”改名为“灵雨亭”，意为美雨常洒。
亭周风景秀丽，左右生有高大梧桐，小溪纵横，曾引得众多文人赞咏。
清朝人黄氏就曾题《灵雨亭》诗：“漪园水西路，遥听老龙吟。古殿含
秋雨，灵风结暮阴。澄泓千尺水，清越九皋音。凭栏观鱼乐，悠然濠上心。”

20 世纪 50 年代的五龙潭　资料片

　　直到 20 世纪初，五龙潭祈雨仍是济南民间的一种习俗。日本人直江广治在他所著的《中国民俗文化》一书中记述了一则济南的民间传说：西关有个叫五龙潭的海眼，传说一直有龙栖息于潭中。清朝光绪年间大旱频发，农作物濒临枯死。民谚有云："龙虎相斗，必将降雨。"有个叫张龙的男人，谙于水性，便抱虎骨跳入五龙潭中。当张龙跳入五龙潭之后，天上立即出现乌云，接着就连降几天的倾盆大雨，农民们因此而获救。从那以后，当地每发生小旱，必将虎骨投入五龙潭，百试不爽。

"潭西精舍"景观

　　清代，五龙潭西岸曾建有潭西精舍。在古代济南为数众多的园林建筑之中，潭西精舍是一处极具文化底蕴的人文胜迹。清乾隆五十四年

（1789）二月十六日，八位客寓济南的文人同游五龙潭，他们分别是曲阜桂馥、颜崇，山阴（今属绍兴）叶承谦，吴县（今苏州）汪应望、戴泳，仁和（今属杭州）黄畹，阳城（今山西阳城）陈秉灼，长洲（今属苏州）沈默。他们游赏一番后，都觉得这里是游玩踏青、饮酒唱酬的好去处。陈秉灼便提议众人集资在此建筑馆舍以作为日后文人学者聚会的场所，赢得一致赞同。

隔日，由黄畹执笔写了一篇《募筑潭西精舍疏》。文章谈到，五龙潭景致清雅，"诚开士之幽栖，亦胜游之清境"，但现状是"灵雨亭空，鲛人馆圮，草生芜秽，硋裙屐以难行；潭露澄鲜，断桥梁而莫渡"，来到如此好的地方，却连个片刻稍歇的地方都没有。所以他们共同商议，要在五龙潭西建筑一处精舍。如此，日后再来相聚，便可"移八分之墨刻，爱永棠阴；斗七碗于茶铛，暑销荷夏；西园题画，近追苏学士之风流；曲水流觞，远希王右军之旷达"。是年四月，潭西精舍初步建成，最初只有一幢三开间的房子，面南临水，周升桓题写了"潭西精舍"作为匾额。同年七月，精舍西侧又建成一幢房屋，用来收藏展示北魏晋阳摩崖残字。这个建筑被称为"薜岫"，完工后，济南的画家朱照、郭敏磐与浙江归安人严焕在墙壁上绘制了壁画。

乾隆五十八年（1793）六月，桂馥与陆绳等人偶然挖出一处泉水，喜不自胜，命名为"七十三泉"。随后，又将天镜泉水引入其中，泉水绕屋穿廊，造就"树色不离门，水声长绕屋"的园林景观。这年十二月，桂馥等人又新筑了潭西精舍的东廊，题名为"秋碧"；在五龙潭南岸作桥，题名为"倚杖"；又南作小阁，题名为"杖影"。至此，潭西精舍有了"八景"之目，分别为潭西精舍、七十三泉、谈助亭、琴床、倚杖桥、芳林、画壁和水槛，桂馥作《潭西杂咏》八首分咏之。这八首诗出来之后，一时和者十几人，包括陈秉灼、吴友松、庆霖、沈默、丁楷、李栻、刘锡嘏、

杨廷琮等。此后,来到济南的文人们常聚会于此,唱和诗甚多,极一时之胜。

　　嘉庆元年(1796),桂馥前往云南任职,在临行前,桂馥为陈秉灼、沈默所撰的《潭西精舍纪年》作了序,中有语云:"从此一别,凡潭水之通塞、墙屋之完缺、草木之荣落、宾客文酒之盛衰,不可逆知。然有《纪年》一卷,则精舍不朽矣。"潭西精舍这一人文胜迹至清末已渐至倾圮。清光绪年间,潭西精舍"颓废已甚,惟流泉仍如旧耳"。至清末,潭西精舍已不存于世。如今,潭西精舍的遗迹有七十三泉及《潭西精舍记》石刻等遗迹,五龙潭南岸还有近年树立的"潭西客夜"碑。

　　清光绪二十九年(1903),山东巡抚衙门在潭西精舍旧址新建中西医院,并于舜井街舜庙设分院,为山东最早的官办医院。医院由陈幼庸任总办,萧苞九任坐局帮办,高华廷任提调,有中医正医官4人,西医医官1人。内设中医、内、外、花柳病科及中西两个药房,有病床20张,并开始使用病历。1906年,又在医院内附设中医学堂,收学生10名,教授中医学,是山东第一所官办中医专门学堂。1909年,该校与政法学堂协办检验讲习所,学制5年,是山东省内最早培养法医的学校。1918年,又在中西医院内成立了山东私立女医学校，延聘中西医院医师和省公立医学专门学校的教师授课，学制为 4 年。这是山东创办最早也是唯一的一所女子医学专门学校，培养出了我省最早的一批女医师。此校虽属私立，但师资及学生质量颇高，在社会上很有影响。

中西医院还是济南红十字会的兴起之地。1911 年农历九月，济南中西医院中医学堂学生李树致书医院总办刘崇惠，建议组织山东红十字会。刘崇惠当即上书山东省抚部院，要求成立山东全省红十字会，并拟就章程一并呈上。山东巡抚孙宝琦批示：此事属善举，应迅速成立。1911 年 11 月 21 日，山东全省红十字会在济南市中西医院正式成立，刘崇惠任会长，下设中医务队和西医务队，中西医院的医官、学生均为红十字会会员。1912 年 1 月 1 日，中国红十字会准许山东全省红十字会立案，并将其纳入总会，名称改为"中国红十字会山东分会"（后称"中国红十字会济南分会"）。1916 年，张采丞接任中国红十字会济南分会会长。次年，会员中有人要求改组，推举前镇守使马良为会长，借助军方力量威吓张采丞，后虽经中国红十字会从中调停，并指定张采丞仍任会长，但张采丞已坚辞不受，让会长于丁兆德。1920 年 10 月，马良借戒严之名，迫令红十字会济南分会搬出中西医院。

1926 年，中西医院被改为陆军后方第一医院，院内学校停办。1928 年五三惨案期间，该医院曾收容伤员、病号百余人。5 月 8 日，日军闯入医院内，正在接受治疗的北伐军伤兵及医生、护士等 82 人均被刺死，每人身上至少被刺 10 刀。此后，这里的建筑一直供山东民众慈善医院使用。

1934 年 4 月，我国近现代著名诗人、民主人士柳亚子偕妻子服侍老母北游，曾到过济南。柳亚子在游览趵突泉后又到五龙潭一游，并访潭西精舍故址，观"秦叔宝故宅"石刻。他作诗道："驱车来访五龙潭，精舍潭西水蓄涵。闻道秦琼留故宅，风云无分见奇男。"民国后期，五龙潭逐渐隐没在民居中。

20世纪80年代，沉寂已久的五龙潭又热闹起来，人们修葺石岸、假山、建造展厅、游廊，并以五龙潭为核心景观建成了五龙潭公园。经多次整修，五龙潭景色早已胜过当年。

五龙潭与"秦琼传说"

"秦琼传说"，孕育于五龙潭地区，是以唐朝开国功臣秦琼为主体，以其生平事迹、人文风物及衍生故事为依托，彰显济南人文特质的民间文学。

有关秦琼的史实，在《旧唐书》《新唐书》《资治通鉴》里有较详细的记载。历史中的秦琼，勇猛英武，壮志凌云，初为隋将，先后在来护儿、张须陀、裴仁基帐下任职，后随裴仁基投奔瓦岗李密，又转投王世充。因见王世充为人奸诈，就与程咬金等加入李唐，随李世民南征北战，立下赫赫战功。其画像挂于表彰大功臣的凌烟阁，死后封胡国公，陪葬昭陵。

与正史不同的是，济南民间为秦琼设计出了许多曲折激荡的人生经历，秦琼的形象更具传奇色彩。自元代张养浩在《复龙祥观施田记》一文中记述"故老相传"的那些秦琼故事开始，关于秦琼的各种民间故事已在济南流传800年。清末宋恕游览五龙潭时，还能见到五龙潭畔的乡民聚在一起闲聊秦琼传说："胡国宅犹记，唐家陵久平。二三老农贩，闲坐说秦琼。"历经岁月风霜，虽然秦琼故居早已不复存在，但秦琼传说却流传了下来。与五龙潭、秦琼祠等风物实体相呼应，透露出浓郁的济南文化特征与民俗风情。

"秦琼传说"中，大多都是围绕五龙潭展开的。五龙潭是济南市区四大泉群中最深的泉，幽深的泉水，总给人一种神秘之感。于是，济南民间就有了这样一则传说：

隋朝末年，隋炀帝荒淫无道，致使天怒人怨。后来，李渊在太原起兵，推翻隋炀帝。接着，又南征北战，削平群雄。在李家父子一统天下的战争中，战场上冲锋陷阵的大将就有济南好汉秦琼。唐朝建立，秦琼功成名就，奏请天子恩准，在济南老家建造府第。

秦琼死后，其后人秉继先人遗风，崇侠尚义。物以类聚，人以群分，不知何时秦琼府成了忠良聚会之所。有小人将秦琼府针砭时弊之词，密报朝廷。皇帝以藐视当今、诽谤朝政为由，派钦差到济南兴师问罪。钦差一到济南，就听到街头巷尾的孩童唱着这样的歌谣："天何公？地何平？鸟尽良弓藏，哪有理和情？"钦差准备第二天到秦琼府兴师问罪。谁知，当天傍晚，忽然电闪雷鸣，风雨大作。有人看见五条蛟龙在秦琼府上空翻腾起舞，刹那间，轰隆一声，整个宅院下陷，成了一个深不见底的水潭。第二天，钦差一行来到潭边，仿佛神鬼差遣，一个个跳入水中，不见踪影。

至于新出现的这水潭究竟有多深，没人能说得出。当时有个好事的人接了九九八十一根绳子，坠上石头往潭里放，绳子放完了，还没有够到底。也有人说，要想探清五龙潭的底也不难，只要绕着潭边一棵老柳树正转三圈、倒转三圈，再爬上树梢，闭上眼睛使劲往潭心一跳，就能到潭底。说是这么说，可谁也没有试过。

有一年的夏天，一个水性极好的人在潭边钓鱼，很想试试潭有多深，于是，便从高处跳入潭中。他潜入潭底，定眼一看，当年的秦琼府依然矗立在水底。他沿着宽阔的汉白玉台阶进入大殿，发现一条蛟龙正在酣睡，吓得他悄悄地退了出来。也有人说，他在潭底秦琼府前，见到了当年到秦琼府兴师问罪的钦差和陷害秦琼后人的小人，他们被缚在府前的柱子上，见人就说："我认罪。"

关于秦琼与五龙潭的传说，还有另一个版本。

秦琼功成名就之后，就退隐江湖，回到老家山东济南，过起闲云野鹤的生活。济南城家家泉水、户户杨柳，早就有泉城的美誉。秦琼家中也有大小五眼泉水，五眼泉里分别有一个龙王。秦琼每日在院内庭前读书习武、饮酒品茶，渐渐与五眼泉的龙王成了朋友。

有一年天下大旱，山东各地河湖干涸、土地龟裂、粮食绝产、饿殍遍地，秦琼悲悯百姓苦难，祈求五位龙王施展神通，用源源不断的甘甜泉水，帮济南百姓度过了劫难。老百姓感激秦琼，把他当作神明供奉。秦琼的口碑和神力，在百姓中渐传渐远、越传越神，终于有一天传到了远在京城的皇帝耳中。

皇帝本来就对开国功臣有所忌惮，又听说秦琼受百姓爱戴，甚至有驭龙之术，自诩为真龙天子的皇帝惶惶不可终日。恰在这时，皇帝每天晚上睡觉都会梦见一条恶龙，吓得皇帝无法正常休息，身体日渐疲乏憔悴。他认为这一定是秦琼心存不轨，故意使的妖术，于是皇帝下令召秦琼入朝，想查明真相并控制秦琼。秦琼早已不愿过问朝中政治，便托病请辞，不想入京。这下更激起了皇帝的猜忌和愤怒，他派出禁军直奔济南秦府，要以忤逆之罪将秦琼满门抄斩。

消息传到济南，秦琼对皇帝非常失望，只因为他一贯忠义，并不想与皇帝为敌，只想带家眷逃往深山躲避。但还未等秦琼收拾完毕逃离，宅院已被禁军包围，秦琼担心妻儿老小安危，正在一筹莫展之际，五位龙王突然出现，说他们有办法救秦琼一家。正当禁军想要冲破秦府大门时，只听天崩地裂一声响，滚滚泉水从宅院四周地下涌出，秦府大院慢慢下沉，不一会的工夫，秦府大院就消失在一片深潭之中。禁军眼前只留下一片潭水，潭水清澈，却深不见底。官军被吓得失魂落魄，纷纷跪下叩拜。

后世传言，秦琼和家人被五位龙王救去了潭水下面的龙宫。皇帝见秦琼有如此神力却不反抗，确信他为忠义之臣，后悔不该猜忌秦琼。又认为秦琼确实能够驾驭龙王，于是把他的画像贴在门上，作为门神以求平安，从那以后果然没有再梦见恶龙，得以安睡。从此，把秦琼作为门神的习俗也流传下来。

而那片据说藏着秦琼府邸的深潭，后来被人们称作"五龙潭"。

除了这些口头流传的传说外，秦琼的故事还广泛存在于济南的民间俗曲中。早在元明时期，济南的民歌俗曲艺术就非常活跃。到了清代中叶，民歌艺术在济南更是得以空前普及和繁盛。那时，济南的市井乡间，大人小孩，几乎人人能歌善唱。道光八年（1828年）刊刻的民歌俗曲专集《白雪遗音》中，就收录了不少关于秦琼故事的民歌俗曲。如《马头调·秦琼》中唱道："秦琼家住山东济南府历城县的水南寨（智勇全才）。结交好汉，仗义疏财（闯出天涯）。想当初，买家楼上曾结拜（天上英雄来）。到了河南府，大伙哨聚瓦岗寨（挂起招军牌）。夜打登州，赴过沿海（比棒逞奇才）。好一对熟铅铜，打得隋家江山败（李渊洪福来）。好一个秦叔宝，争了个国公把君王败（帅印挂在怀）。"

2021年，"秦琼传说"被列入山东省省级非物质文化遗产名录。

五龙潭与秦琼祈福

"秦琼传说"，促成了五龙潭祈福文化的形成。

一提起秦琼，人们首先想到的是一个草莽英雄。经过《隋唐演义》《兴唐传》《响马传》《秦琼卖马》等小说和评书的演绎，秦琼成为"讲义气"以及"山东好汉"的典型人物，是一个众所周知的大英雄。

在济南，秦琼作为"英武""仗义"等诸多美好形象的化身，一直为人们所崇敬。但在民俗中，秦琼则是一个能震慑邪祟、护佑平安的神仙般的人物。他与尉迟恭被奉为门神，人们将其神像贴于门上，卫家宅，保平安。请门神，保平安，是寄托着百姓对美好生活祈祷和愿望的传统民俗。

门神，即司门守卫之神，是中国民间最受人们欢迎的保护神之一，它源于上古时期的自然崇拜。在古人看来，门主出入，在整个房子中具有重要的地位。所以古时祭祀，门为五祀之首，后世演变为门神。门神分为三类，即文门神、武门神、祈福门神。文门神，即画一些身着朝服的文官，如天官、仙童、刘海蟾、送子娘娘等；武门神，即武官形象，如秦琼、尉迟恭等，通常贴在临街大门上，门神多手持兵器；祈福门神，即为福、禄、寿三星。这些门神虽出现的时间、区域、背景不尽相同，但至今仍被人们普遍信仰。人们将门神形象贴于门上，用以驱邪卫家，保平安，降吉祥。

历史上，秦琼与尉迟恭这二位大将的确曾经被太宗皇帝下诏绘制成了画像，只不过没有被当作门神张贴在宫门口，而是珍藏于专门存放有功之臣画像的凌烟阁中。元代开始，门神逐渐演变，新增了秦琼、尉迟恭二人作为武门神。元明时期的杂剧作品和话本小说，推动了门神秦琼在民间的传播速度，是凌烟阁功臣画像向门神画过渡的重要一环。

关于秦琼成为门神的原因，《三教源流搜神大全·门神二将军》这样记述："门神乃是唐朝秦叔宝（秦琼）、尉迟敬德（尉迟恭）二将军也。按：传唐太宗不豫，寝门外抛砖弄瓦，鬼魅呼号，三十六宫、七十二院夜无宁静。太宗惧之，以告群臣。秦叔宝出班奏曰：'臣平生杀人如剖瓜，积尸如聚蚁，何惧魑魅乎！愿同胡恭戎装立门以伺。'太宗可其奏，夜果无警，太宗嘉之，谓二人守夜无眠。太宗命画工图二人之形象全装，手执玉斧，腰带鞭锏弓箭，怒发一如平时，悬于宫掖之左右门，邪祟以息。后世沿袭，遂永为门神。"唐太宗李世民经常做噩梦是历史上真实存在的事情，屡屡被写入史书之中，由此也生出了门将守夜的传说来。

《西游记》第十回 "二将军宫门镇鬼 唐太宗地府还魂"中讲了这样一则故事：唐朝开国初期，泾河龙王为了和一个算卦先生打赌，犯了天条，罪该问斩。玉帝任命魏征为监斩官，泾河龙王为求活命，给唐太宗李世民托梦求情，请他一定要拖住魏征。李世民在梦中答应了泾河龙王，便命宦官去宣魏征进宫见驾。李世民让魏征陪他一起下棋，一时间也是棋逢对手，难舍难分。没想到魏征下棋时，打了一个盹儿，就灵魂升天，将龙王斩了。泾河龙王抱怨太宗言而无信，在梦中提着血淋淋的龙头揪住李世民不放，整夜呼号索命。李世民神魂倦怠，心神不安。群臣得知后，大将秦琼奏道：愿同尉迟恭介胄整齐，执金瓜钺斧，戎装立门外以待。太宗应允。那一夜果然无事。太宗因不忍二将辛苦，遂命巧手丹青，画二将真容，贴于门上。自那以后，鬼魅邪祟也便绝迹了。民间纷纷效仿，贴门神保平安，这两员大将便成为千家万户的守门神。

《隋唐演义》第六十九回"成后志怨女出宫 证前盟阴司定案"中则给出了类似的说法：李世民长了一场大病，太医勤勤看视，短时间内难以好转。众臣日夕问候，惟秦琼、尉迟恭来问安时，李世民顿觉神清气爽，便让画匠绘制二将之戎装像，手持鞭铜，怒目发威，悬挂于宫门两旁，此后病痛全消。

秦琼作为门神时的形象，在《西游记》第十回"二将军宫门镇鬼 唐太宗地府还魂"中有所描述，文中有段赞语这样说道：门神秦琼"头戴金盔光烁烁，身披错甲龙鳞。护心宝镜幌祥云，狮蛮收紧扣，绣带彩霞新。这一个凤眼朝天星斗怕，那一个环睛映电月光浮。他本是英雄豪杰旧勋臣，只落得千年称户尉，万古作门神"。明清时期，门神秦琼的形象相对固定。通常，秦琼为白脸，留五绺须；尉迟恭为红脸，留连鬓须。若秦琼为红脸，则尉迟恭为青脸。

秦琼在"门神"这一形象中，所扮演的角色既不同于正史里的建功立业，也不同于民间文学里的草莽英雄，而是一个有着超凡力量的正义的神话形象。秦琼门神的形象深入人心，背后体现了百姓对护佑平安的期盼，对生活安康的向往。"秦琼传说"能在五龙潭流传千年，正是由于这种内在需求的推动，并使之积淀为济南的城市精神之一。一潭幽深的泉水，一个超凡力量的神话形象，造就了"秦琼故里，济南寻福"的城市故事。

无论是在正史中还是民间传说中，也无论是古代还是当下，秦琼都获得了超凡的地位，成为勇武、忠义与智慧的象征，转化为历史与文化相结合的真实存在。

自 2016 年开始，天桥区文化和旅游局联合天下第一泉风景区、"秦琼传说"代表性传承人，每年都会在五龙潭景区举办"秦琼祈福文化旅游节"。该活动于每年腊月二十三开始至正月十五结束，围绕"祈福、寻福、送福"主题，传播秦琼文化，展现秦琼遗风中的忠、孝、义、勇、信精神，让深藏于城市中的历史文化鲜活起来，续写"秦琼传说"的新文本。

壬寅年秦琼祈福文化旅游节　资料片

五龙潭与秦琼祠

五龙潭西北有一处秦琼祠，是市级文物保护单位。

秦琼祠于 2010 年 9 月 29 日建成开放，占地面积 1200 平方米，其中建筑面积 600 平方米。整组建筑为唐代风格，由大门、正殿、东廊、西亭廊组成，大门外建有影壁，与建筑呼应。

秦琼祠外有一道传统样式的影壁，用高浮雕的手法刻画了两匹秦琼的坐骑。其中一匹马为通俗章回小说中所提到的随秦琼驰骋疆场的黄骠马，另外一匹马则是《酉阳杂俎》中所记述的秦琼坐骑忽雷驳。

山门上有"秦琼祠"匾额，祠堂直呼祀主姓名，颇为不妥。山门前悬挂着一副康有为书写的对联："身通百战术，气作万夫雄。"联文化用唐代大诗人李白《送梁公昌从信安北征》中的诗句"高谈百战术，郁作万夫雄"，大意是精通百战百胜之术，是可敌万夫的大英雄。

山门内西侧，是一块长三米、高两米的整石碑，用繁宋体阴刻《旧唐书·秦叔宝传》。

秦琼祠院落正中，大门与正殿门之间，有一尊高两米的铸铜三足大鼎。这座大殿名为"五字鼎"，沿鼎外围铸有"忠""孝""义""勇""信"五个大字，以体现秦琼的忠、孝、义、勇、信精神。

秦琼祠正殿悬挂有三块匾额。正殿檐廊悬挂有褚遂良书（集字）"忠义千秋"匾额。忠义千秋，即忠诚、义气之名垂范千古。论忠诚，秦琼自武德二年（619）投奔李唐之后，对高祖李渊及太宗李世民一直忠心耿耿。论义气，因《隋唐演义》等话本小说以及戏曲的大加渲染，举世皆知秦琼有刚正之气，并传为美谈。正殿门上悬挂有欧阳中石书"义薄云天"匾额。义薄云天，形容有情有义，正义之气直上高空。在话本小说《隋唐演义》中，秦琼不仅武艺高强，仗义疏财，扶危救困，还善于交朋友，上至官府，下至武林，到处都有朋友。正殿内秦琼像之上悬挂有虞世南

秦琼祠　耿全摄

书（集字）"英风永存"匾额。英风永存，即英武的气概永远为人们所传颂。

正殿外悬挂有一副楹联："黄骠铜锏隋唐业，大义精忠海岱魂。"上联描绘了秦琼的民间形象和生活年代。在民间广为流传的秦琼形象中，最突出的符号便是"锏"与"马"，《隋唐演义》和《说唐》中记述的"秦琼卖马"故事更是家喻户晓。在小说中，秦琼的武器是瓦面金装熟铜锏，是他父亲的遗物。秦琼胯下所骑，名为黄骠透骨龙，这种黄马身上和头上有一些白点，所以又叫作西凉玉顶干草黄。同时，这匹马即使喂饱了肋条也非常明显，所以又叫透骨龙。下联谓秦琼表现出来的"大义精忠"精神，恰恰是山东人的优良品性。海岱，古地名，约今渤海与泰山之间，后代指山东地区。

正殿正中有一座高3.6米的秦琼坐像，身披戎装，手持令节，腰插军配，威严庄重。塑像两侧，悬挂有一副龙门对楹联："民间传说为朋友插刀两肋中义薄九天四海皆仰秦叔宝，历史记载擒敌酋撄锋二百次血出数斛三军皆服胡国公。"上联讲的是民间传说，秦叔宝为救朋友，染面涂须去登州冒充响马。路过两肋庄时，一条路去汝南庄，一条路去登州。秦琼在岔道想起老母妻儿，犹豫片刻，最终还是为朋友，视死如归去了登州。两肋庄岔道体现出秦琼的深重义气，被人们赞为"两肋岔道，义气千秋"。后来传来传去，秦琼为朋友两肋庄走岔道就变成了秦琼为朋友两肋插刀。秦琼年轻时为人仗义慷慨，待人坦诚，结交了天下的很多英雄好汉，被人尊称为"秦二哥"。下联讲的是历史记载，据《旧唐书》《新唐书》的记载，玄武门之变后，秦琼经常生病，每逢病时就对人说："吾少长戎马，所经二百余阵，屡中重疮。计吾前后出血亦数斛矣，安得不病乎？"冲锋陷阵二百余次，流的血可以用斛来称量，秦琼之英勇足以气镇三军。

正殿墙壁上绘有壁画，选取秦琼一生具有代表性的"初勋建节尉""聚义瓦岗寨""黎阳义救主""归唐事秦府""高祖赐金瓶""陪葬昭陵"等 10 个情节进行刻画，形象地展现了秦琼的忠义一生。

秦琼祠正殿东西两侧为抄手游廊，廊中悬挂有建节、骠骑、龙骧、尚勇、忠信等匾额，彰显秦琼的功绩。

"建节"，即建节尉，隋代散官名，为正六品。隋大业年间，秦琼在隋将来护儿帐下任职。来护儿尝对人言："此人勇悍，加有志节，必当自取富贵，岂得以卑贱处之？"秦琼后随齐郡通守张须陀前往海曲征讨孙宣雅，以军功被授建节尉。

"骠骑"，古代用作将军名号。大业十二年（616）十一月，秦琼随隋将张须陀征讨瓦岗翟让军，张须陀在大海寺北林一带身陷重围，力竭战死，秦琼率隋军残部依附了据守虎牢的裴仁基。次年四月，裴仁基被同为割据势力的李密招抚，秦琼随裴仁基归降。李密对秦琼非常器重，授秦琼为帐内骠骑。当时，李密从军中"简勇士尤异者八千人"，分作

秦琼祠正殿　耿仝摄

四骠骑，号"内军"，自云"此八千人可当百万"。秦琼为内军四骠骑之一，可见对其之倚重。

"龙骧"，比喻气概威武，是古代将军的名号。大业十四年（618），隋末群雄之一王世充在邙山脚下大破李密，李密仓皇西逃长安投奔了李渊。而秦琼被俘后暂时投奔了王世充，被封为龙骧将军。

"尚勇"，谓崇尚勇敢、果断。唐武德二年（619），秦琼与程咬金等人趁唐郑两军于九曲对阵之时投奔了李唐，被唐高祖李渊安排到秦王李世民府上任职。据《旧唐书·卷六十八·列传第十八》记载："叔宝每从太宗征伐，敌中有骁将锐卒，炫耀人马，出入来去者，太宗颇怒之，辄命叔宝往取。叔宝应命，跃马负枪而进，必刺之万众之中，人马辟易，太宗以是益重之，叔宝亦以此颇自矜尚。"秦琼于万马军中取上将首级如探囊取物，真第一勇将也。不仅正史，在《隋唐演义》等小说中，秦琼也是以勇猛非凡的面目出现，有"马踏黄河两岸，铜打三州六府，神拳太保小孟尝"的别号。

"忠信"，谓忠诚、信实。秦琼对朝廷忠勇，待朋友信义。秦琼追随唐太宗李世民南征北战，忠心耿耿，被封为左武卫大将军，授爵翼国公（后改封"胡国公"）。贞观十七年（643），李世民命阎立本画秦琼等二十四名功臣的画像挂入凌烟阁，以供自己怀念这位忠勇之臣，也供后人景仰这位忠信之士。

秦琼祠西侧为集英亭。集英，谓召集英豪之意。秦琼年轻时，为人慷慨仗义，广交天下英雄。在《隋唐演义》中，秦琼除了拥有不俗的武功外，还以孝和义气闻名。秦琼母亲过六十大寿，他结交的一帮兄弟从四面八方汇聚而来，四十余人歃血为盟，效仿刘关张结义为兄弟，这就是有名的"贾家楼聚义"。

秦琼祠东侧为建节轩。轩前悬挂有郭沫若手书的"望隆桑梓"匾额，谓秦琼的名望重于乡里。抱柱上有一副楹联："历下显扬男儿志，昭陵常驻忠烈魂。"济南古称"历下"，在历下这片土地上，秦琼加入隋军，走上了建功立业之路。下联中的"昭陵"，是指唐太宗李世民建造的陵寝。贞观十一年（637），唐太宗下发《九嵕山卜陵诏》，鼓励皇亲国戚和佐命功臣陪葬昭陵，诸大臣皆以陪葬昭陵为荣。贞观十二年（638），秦琼病死，被追赠为徐州都督，陪葬昭陵。李世民下令在秦琼墓前放置石人马，用以彰显秦琼生前的战功。

秦琼祠西南角立有两通石碑：一通为"唐左武卫大将军胡国公秦叔宝之故宅"碑，该碑系清顺治年间整修秦琼祠堂时刻立于门前，后移至公园西南隅。秦琼祠建成后，遂移至祠内。另一通为复制的"秦爱墓志铭"碑。两通石碑安放在祠院内，增加了秦琼祠的文化底蕴。

秦琼祠东侧的溪流和泉池　何延海摄

　　《秦爱墓志铭》是秦琼父亲秦爱的墓志，1995 年初在济南市经七路小纬六路某工地出土。碑文为楷书，共 22 行，全篇共计 790 字。墓志中明确记载了秦琼家族的变迁。秦琼的父祖三代都是小吏：他的曾祖秦效达，是魏广年县令；祖父秦方太，是北齐广宁王记室；父亲秦爱则是北齐咸阳王录事参军。至于《隋唐演义》等白话小说中称秦琼"乃祖是北齐领军大将秦旭，父是北齐武卫大将军秦彝"一说，只不过是演绎而已。秦琼的家世在史书《旧唐书》《新唐书》中均漏载，这通墓志铭可以补正史之缺佚。

　　秦爱（546—614），字季养，齐郡历城人，北齐时期官员。秦爱出生于东魏时期，自幼秉性仁孝，温和谦恭。平日待人接物素有诚信，行为正直，做事公正，以淳朴笃实之誉闻名乡里。北齐时期，秦爱入仕，在斛律武都手下出任录事参军。斛律武都跟秦爱年纪差不多，他看重秦爱的学识和人品，对他多有照拂，"恩纪之深，群僚莫及"。577年，北齐被宿敌北周灭掉，秦爱于风雨飘摇中回到齐郡历城县隐居。杨坚代周建隋之际，一直遭受北周压制的旧齐人士积极参与到这场变革中，各路大军也都在招贤纳士。但秦爱只是隐居于济南，不参加任何一方的争斗，多次拒绝了各路大军的邀约。秦爱在这里过了30余年与世无争的乡居生活，"乡党长幼，爱而敬焉"。隋大业十年十一月廿一日（614年12月27日），秦爱终于齐州历城县怀智里的老宅中，享年69岁。根据铭文出土地点判断，今天的济南市经七小纬六路一带在唐代时即为"怀智里"，这里是秦琼的家族墓地。

唐朝建立后，父凭子贵。唐武德八年（626），高祖李渊诏赠秦琼的父亲秦爱为上轻车都尉（勋官，比正四品）。贞观元年（627）十一月，新登基的太宗李世民再次追赠，诏曰："故上轻车都尉秦季养，守志丘园，早先风露。其子左武卫大将军翼国公叔宝，委质府朝，功参王业，宴禀庭训，克成厥美。乃眷遗范，宜饰哀荣，可赠持节瀛州诸军事、瀛州刺史，上轻车都尉如故，礼也。"这相当于追赠秦爱为瀛州节度使，三品职。此后，又追赠他为上柱国、历城县开国公。

《秦爱墓志铭》除了让人们更深入认识秦琼的家世外，还有很高的书法艺术价值，但可惜的是，碑上没有署名或标记。唐代撰书人不署名是一种风尚，这给后人判断其作者带来了较大的困难。从字形和用笔方式观察，推测这位作者是唐初的大书法家虞世南。

潭西泉

　　潭西泉位于名士阁南侧，五龙潭西南。泉水出露形态为涌状，常年不竭。泉池为石砌长方形，长 15 米，宽 10 米。该泉丰雨季节水势甚佳，由池中圆穴中涌出，泉水通过小桥汇入五龙潭。

　　池北侧石壁镶有明代天启五年（1625）张中发书写的"近水楼台"四个擘窠大字，遒劲洒脱，甚为极观。张中发（1570—1628），字智鹄，号仰松，别号伴鹤，明末淄川人。张中发曾拜师于泰安李少崖门下，登

潭西泉　左庆摄

潭西泉泉眼与"近水楼台"石刻　耿仝摄

第入仕后，他毅然放弃科举之道，在家居村自娱，尤好擘窠大书。原石镶嵌于贤清泉北侧旧舍墙内，应是明代伊人馆中的旧物，1986年营建五龙潭公园时迁至此处。该碑分由四方巨石组成，每字为一方，当年搬运时，"水"字碑落地裂为数块，后经修补方才如初。

潭西泉得名于清乾隆年间修建的潭西精舍。潭西泉西的墙上还镶嵌着一块著名的"潭西精舍记"碑。

清乾隆五十八年（1793）二月，桂馥东游莱州归来，应陈秉灼之请，挥笔泼墨，为刚建成的潭西精舍作了一篇《潭西精舍记》，以述其事。陈秉灼（1745—1804），字亮宇，号明轩，山西阳城人，诸生。性豪侠仗义，慷慨义气，喜接济人，屡致千金亦屡散之。一生不求闻达，客居济南达三十余年。《潭西精舍记》写完后，陈秉灼找来79岁高龄的历城刻工杨敬，将这篇文章精心刻成石碑。当年五月，潭西精舍的西院墙筑好了，"潭西精舍记"碑就被嵌在了西墙上。其文写道：

历城西门外唐翼国公故宅，一夕雷雨，溃而为渊，即五龙潭也。潭之名始见于于钦《齐乘》，其言曰："《水经注》：'泺水北为大明湖，西有大明寺，水成净池。池上有亭，即北渚也。'今名五龙潭，潭上有五龙庙，亭则废矣。"按：池上亭，即《水经注》所称"客亭"，在趵突泉西北，何得以潭为"净池"？大明湖在古历城西南，今误以城内历水陂当之。北渚亭亦不在潭上，曾子固《北城闲步》诗云："饱食城头信意行。"又云："便起高亭临北渚。"苏子由《北渚亭》诗云："西湖已过百花汀，未厌相携上古城。"晁无咎《北渚亭赋序》云："尝登北渚之址，则群峰屹然列于林上，城郭井间皆在其下。"据三家之言，则亭在北城上无疑。于氏不知

2003年，五龙潭及潭西泉干涸，"近水楼台"碑全部显露出来 郭建政摄

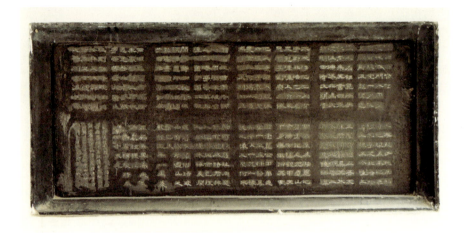

"潭西精舍记"碑刻

净池填为平地，乃移客亭及北渚于潭上，疏矣。今潭上五龙庙犹在，
吾友陈君明轩嘉其水木之胜，与小香、二香诸君募钱，于潭西架屋，
为游息地，属予记之。元遗山言："济南楼观甲天下。"多无能指
其处。因念翼公甲第连云，一旦为神物夺去，今以一瓦一椽托之潭上，
几何不与颓垣废址同归乌有？虽然，诸君旅人也，寄兴而已。后人
于烟水榛莽间追寻我辈游迹，或亦有感于遗山之言也夫！

桂馥（1736—1805），字未谷，一字东卉，号雩门，别号萧然山外
史，山东曲阜人，是清代杰出学者，著名的文字学家、书法家、篆刻家。
桂馥少承家学，于书无所不读，家富藏书。他毕生致力于文字考据之学，
对金石、六史有独到研究。他用40多年的时间，取《说文解字》和经籍
参照疏证，写成了《说文义证》50卷巨著，与段玉裁并称"段桂"。桂
馥在中国书法史上亦占有一席之地，他提倡汉隶书风，其隶书摆脱了汉
代后长期徘徊不振的状态，以至超迈晋、唐，直追两汉，形成蔚为大观
的清代隶书新气象。《艺舟双辑》评其作品为"分书佳品上"。

桂馥经常来济南，并与友人聚会于五龙潭西岸。乾隆五十一年（1786）

春，桂馥曾在济南与婺源胡翔云交游。次年二月，桂馥和颜崇规、叶承谦、汪应望、戴泺、黄畹、陈秉灼、沈默香等人相聚在济南五龙潭畔，筹划在五龙潭西筑室，以为游宴之所。乾隆五十八年（1793）二月，桂馥从莱州到济南，作《潭西精舍记》。同年七月，桂馥拜谒了时任山东学政的阮元。第二年秋天，桂馥再次到济南，直到次年八月始去。嘉庆元年（1796）八月，桂馥铨得云南永平令，自京师至济南，再次与众友人相会。临别之时，作《别潭西精舍》诗一首，与好友作别道："梦里难抛潭上屋，眼前又作路旁人。秋风不肯留行客，先到燕南易水滨。"次年，远在云南的桂馥，还曾给山东布政使江兰疏浚护城河时发掘出的白石泉撰写碑文，并拜托好友陈秉灼为之立石。桂馥在济南所作的诗文中，以题咏潭西精舍和七十三泉者居多，如《潭上杂咏》八首和《潭西赏蓼花》《潭西夜话》《别潭西精舍》《潭西精舍记》等皆是。桂馥留在济南的书法作品有《潭西精舍记》《历山铭》等，其碑刻拓片为历代书家所珍视。

桂馥与好友周永年都十分爱藏书，他在济南居住期间，曾大力协助周永年在五龙潭附近买地筹办藉书园，聚古今书籍数万卷，供人阅览传抄，以广流传。他在《周先生传》中曾写道："先生于衣服饮食声色玩好一不问，但喜买书。有贾客出入大姓故家，得书辄归先生，凡积五万卷。先生见收藏家易散，有感于曹石仓及释道藏，作《儒藏说》，约余买田，筑藉书园，祠汉经师伏生等，聚书其中，招致来学，苦力屈不就。顾余所得书，悉属之矣。"

潭西泉西建有一亭，名"得月亭"。得月亭探入水中，有"近水楼台先得月"之意境，与石刻"近水楼台"四字相谐。"得月亭"其意取自潭西精舍刚建成时桂馥"潭西夜话"的典故。得月亭柱两侧有联："说文四家君其一，历下亭泉此地三。"上联"说文四家"指的是清代研究许慎《说文解字》的四位大家：段玉裁、桂馥、王筠和朱骏声。桂馥是"说文四家"之一，曾在五龙潭畔筑潭西精舍，书《潭西精舍记》，取"七十三泉"之名，留"潭西客夜"美谈。下联讲的"历下亭泉此地三"，一是指五龙潭泉群的流量在城区四大泉群中位居第三，二是说五龙潭畔的园林景观位居大明湖、趵突泉之后的第三位。

七十三泉

　　七十三泉位于五龙潭西，潭西泉南侧。泉水渗流而出，常年不歇。泉池为不规则形，山石驳岸，长 10 米，宽 5.2 米，深 1.4 米。泉池南侧自然石上刻有"七十三泉"泉名，为济南当代著名书法家魏启后于 1987 年题写。泉水从石隙冒出，经小石桥，流入潭西泉，进而汇入五龙潭。

　　七十三泉出现于清代乾隆年间，是偶然间掘地而出的。清乾隆五十六年（1791）夏，学者桂馥和他的朋友集资在五龙潭西侧修建潭西

七十三泉　左庆摄

精舍，作为四方文人聚会咏诗下榻之处。让人意想不到的是，修建房屋挖掘地基时涌出了一眼泉，水势甚佳，汩汩喷涌，呈现出"一峰地出疑晶突，六月阴藏忽雪喷"的景观。桂馥甚喜，便大宴宾客，为泉起名。来客众说纷纭，有以形命名的，有以色命名的，有以味命名的……难以定夺。桂馥想到济南素有七十二名泉之说，便索性以"七十三泉"来命名，并题一诗："名泉七十二，不数五龙潭。为劳算博士，筹添七十三。"这一带有戏谑味道的命名，立即博得众人拍手叫绝，于是"七十三泉"这一名称便流传下来。同时期文人吴友松作《七十三泉记》并刻石立于泉畔（该石现已没），记述这一佳话美谈。

新泉的出现，使精舍大为增色。为增加水流的气势，精舍主人又将南侧天镜泉的水引来与七十三泉相汇。泉水绕屋穿廊，流入五龙潭，潭西精舍成了著名的水景园，游人远远就能听到汩汩的流水声。清代阮元《小沧浪笔谈》这样记载："潭西精舍在西城外五龙潭上，即秦琼故第旧址，桂未谷所筑。浚池得泉，似趵突而小，在七十二泉之外，题为'七十三泉'。往来名士多居于此。天镜泉流至精舍前，绕东廊，过北窗，始入潭。游者入门，即闻水声潺潺。嵌壁有石刻'颜鲁公竹山联句'诗。"七十三泉曾被不少文人赞咏，清人郝植恭曾写有《五龙潭七十三泉》一诗："潭西精舍听泉声，七十三泉新得名。润物始知流泽远，出门无失在山清。闲寻碑碣从头读，恍若波涛到耳惊。涤净尘襟消俗虑，何人对此不移情。"

乾隆五十八年（1793）九月，桂馥在潭西精舍七十三泉的北面盖了间草亭，起名叫"谈助亭"。在此后不久的一个月夜，桂馥与好友陈秉灼、僧人研虑在谈助亭内喝茶闲聊，"是夜，月色清澈，而风雨之声不绝，盖新出七十三泉也"。于是，桂馥便即兴赋诗一首，诗云："随缘却作募缘人，客里经营栋宇新。更起茅亭留夜月，斜西水槛隔风尘。也知此地难终老，可许三年再送春。兀坐黄昏怀旧约，何吴陆沈戴黄陈。"

陈秉灼紧接着亦和诗一首:"草亭开敞砌阶平,浊酒盐齑当落成。全偕邻家秋树色,同听石窦夜泉声。逢场喜事真成癖,好处怀人倍有情。襆被一肩琴作枕,不妨钟鼓隔严城。"

次日,桂馥弟子、画家郭敏磐听说此事,为之作《潭西客夜》图。郭敏磐(生卒年不详),字小华,晚号云门外史,济南人。嘉庆九年(1804)举人,官益都县教谕。郭敏磐尤擅长山水画,曾经为山东提督学政阮元作《琅琊访篆图》。郭敏磐也善隶书,为桂馥入室弟子。阮元《小沧浪笔谈》中提到郭小华为"未谷弟子,于隶犹得其传",并称郭的山水画为"山东第一"。

《潭西客夜》图中的潭西精舍

041

郭敏磐绘制的《潭西客夜》图为设色纸本，纵 67 厘米，横 31 厘米，由前至后绘制有泉水、小桥、人物、山石、草亭、环廊和屋舍。近景描绘一窟"波汹涌而雷吼，势颓洞而珠垂"的泉池，其水呈湍激之势，这就是新出的"七十三泉"。淙淙泉水沿山石驳岸的溪涧，过桥、绕屋，再穿过绿荫满蔓的藤萝长架，潺潺汇入五龙潭之中。溪畔有三人，凭几者是陈秉灼，旁坐者为桂馥，斜立者为研虑和尚。三人被月色、泉水所陶醉，或坐或立，神态怡然。人物和泉水之后是潭西精舍，圆月当空，屋前松槐耸立，屋后垂柳袅袅，四周修竹摇曳。房屋左侧有环廊联至六角草亭，此即"谈助亭"，旁有巨石兀立。

桂馥为《潭西客夜》图作了小引，道："癸丑秋冬之际，潭西小筑将成，余栖息其间，明轩襆被就宿。是夜，月色清澈，而风雨之声不绝，盖新出七十三泉也。余有诗一荷，明轩继和。阅日，小华闻之，乃作是图。图凡三人，凭几者，明轩也；旁坐者，余也；斜立者，释研虑也。"这就是"潭西客夜"的由来。

如今，在五龙潭南岸有一座"潭西客夜"碑，碑上刻有郭敏磐所绘制的《潭西客夜》图，以及桂馥与其友人吴友松、戴际源、徐明理、王继祖等诗作八首，形象地描绘了潭西精舍临水构筑、布局匠心、建筑华美的景致。

贤清泉

贤清泉位于五龙潭景区东北隅。泉水出露形态为渗流，常年有水。泉池以自然石砌岸，略呈方形，长 22 米，宽 17 米，深 1.38 米。泉上架石桥，泉旁建回廊水榭，景色优美。泉水西与生产渠相通，向东流入西护城河。

贤清泉原名悬清泉，是济南七十二名泉，金代《名泉碑》著录时称"悬清泉"，明代《七十二泉诗》、清代《七十二泉记》著录时称"贤清泉"，

贤清泉　吕传泉摄

并被评为济南新七十二名泉。

贤清泉也称"三娘子湾"。贤清泉和三娘子湾最初是两处不同的水域，贤清泉北泄汇聚成一片面积很大的水湾，被称为"三娘子湾"。明崇祯《历乘》中记载有"三娘子湾"："世传三女子齐坠于此，故名。其水澄澈，照人眉须可鉴，夹岸榆柳。"明代，三娘子湾与贤清泉连在一起，人们将两者看作同一水域，以三娘子湾为贤清泉。明崇祯《历城县志》称："悬清泉，五龙潭东。一名贤清，今名三娘子湾。"清初沈廷芳《贤清园记》记载道：贤清"泉本名'悬清'，一名今名，泻而为三娘子湾，流经于家桥，入大清河"。清代开挖圩子墙壕沟后，这片水域急剧减小，至清末逐渐消失不见。

贤清泉又称"李家池子"。光绪年间，济东泰武道道员李宗岱在贤清泉畔建汉石园，附近居民称之为"李家花园"。贤清泉位于院内，因此被俗称为"李家池子"。

贤清泉水势旺盛，周边环境优雅，曾是文人雅士避暑的妙地。如清人方世振在《贤清泉逃暑》诗中描绘道："树密不知暑，入门蝉乱鸣。疏篱散花影，深竹纳泉声。四面窗临水，三间屋近城。携来清圣酒，小憩洗尘缨。"贤清泉泉畔是构筑园林的上佳地点，明清时期，曾建有伊人馆、逯园、贤清园、朗园等园林名胜。

伊人馆，是明朝末年济南乡绅陈文学所建的书斋。馆名"伊人"，出自《诗经·秦风·蒹葭》"所谓伊人，在水一方"。"伊人"之意与三娘子的传说相合，颇有深意。

清代，伊人馆旧址被乡绅逯坦购得，他在贤清泉畔重建园林，辟建书舍、君子亭，种植修竹、藕荷，聘请四方博学之士在此修习课业。世人俗称这里为逯园或逯氏园、逯家园。雍正五年（1727），"扬州八怪"之一的高凤翰被胶州知州黄之瑞举荐为孝廉方正，并于次年来济南贡院参加特科考试。高凤翰（1683—1749），字西园，号南村，晚年又号南阜山人，清代莱州府胶州（今胶州市）人，是清代山东绘画史上成就最大的画家。雍正六年（1728）二月花朝日前后，高凤翰应邀前往逯园观赏梅花，其间作《过逯氏园看梅花》《花朝后二日诸同人邀往逯园池上看梅花（四首）》五首梅花诗。其中一首这样写道："芳树东风迥绝邻，逯家园内独关春。闻香直欲换凡骨，浇酒真堪唤美人。碧水平池斜卧影，怪峰一角瘦通神。同来扫径迟明月，碧海冰壶得意新。"描绘了梅花娴雅超逸、不同流俗的姿态，以及贤清泉畔的景观。这一年，高凤翰在孝廉方正特考中考列一等，记名授安徽歙县县丞，署知县。

乾隆年间，逯园连带贤清泉被德州乡绅罗以深购得，称贤清园，俗称罗家园。罗以深，字渊碧，号朴园，乾隆时期的增贡生，刑部浙江清吏司员外郎罗植的次子，云南剑川州知州罗以书的弟弟，湖广直隶州沣州知州赵念曾的女婿。德州罗氏家族以善酿罗酒闻名，康雍乾三朝，罗酒一度声名大振。罗氏家族因此积累巨量财富，罗以深年少时聪颖好学，但科考却屡试不中，便隐居不求仕进。他曾将祖上留下来的旧园亭稍加整理，取名"朴园"，成为德州的名园之一。罗以深的哥哥罗以书致仕后，曾在济南花园内百鹤亭旧址营建了一处北渚园，许多诗人墨客也纷纷来此观光、吟咏。罗以深有样学样，在济南购置土地，在贤清泉畔修建了贤清园。他常与诸名流在园中相唱和，文酒之会，殆无虚日。淄川文人张元赋诗曰："古木千章合，名泉一鉴开。炎天不受暑，清昼剧闻雷。隔院分流去，连山倒影来。浑疑濠濮上，萧爽出尘埃。"又云："尽日泉声里，泠然清道心。残霞分远眺，流水和孤吟。雾薄烟横浦，云开月满林。人家获港外，遥夜更闻砧。"

罗以深对于古文研究颇深，这方面多得山东按察使沈廷芳真传。沈廷芳（1702—1772），字畹叔，号椒园，浙江省仁和（今杭州市）人。

贤清泉 耿全摄

以监生召试博学鸿词科，授翰林院庶吉士，散馆授编修，累迁河南按察使。乾隆十三年（1748），沈廷芳来济南任山东按察使。沈廷芳"风雅好事，潇洒似魏晋间人"，公暇之余，常徜徉在济南的名山胜景间。他上任的这年夏天，罗以深邀请沈廷芳游览了贤清园。沈廷芳专门撰写了一篇《贤清园记略》，以记其事。沈廷芳在文中详细描绘了贤清园的布局和景观："园可十亩余，缭以周垣，荫以乔木。其南一池，方可三寻，如贯珠瀄瀄不息，澄澈逾镜，净不可唾。东西凿沟，西从垣出，穿柳根，根浸久皆红色，清藻相映，殊可爱。东沟注而北穿籨道，二十步许，又稍北，自地中行道石窦间，窦拱大水喷尺余，与趵突三泉等第。趵突用锡筒束以出，兹自石溢，天工人为不较然与。窦泄为北池。视南池浅，而广其半焉。菱叶荷花，轻篠白沙，景致亦佳。池西南有沟，差小于南池者。南池阳屋三楹，颜曰'贤清草堂'，东西俱籨。池北屋如之。屋左设石几，可饮可弈。其花木有黄梅、桃、杏、李、合欢、紫薇、海棠，杂以修竹、蒲桃，而栝柏数株，高柳十章，青入天半，俱数百年物，它琐屑不爱记。"

嘉庆年间，贤清园被周永年之子周震甲购得，并更名为"朗园"。

周永年（1730—1791），字书昌，号林汲山人，祖籍浙江余姚。周永年出生于贤清泉迤南的东流水街，后读于泺源书院。他是乾隆年进士，后因入馆编纂《四库全书》钦赐翰林院庶吉士，散馆授编修，任校勘《永乐大典》纂修兼分校官。周永年一生嗜书，"竭数十年博采旁搜之力，弃产营书"，筑藉书园，积书十万卷，供人阅读抄写。并倡"儒藏说"，成立"儒藏"，"俾古人著述之可传者，自今日永无散失，以与天下万世共读之"。周永年去世后，散余之书为其子周震甲收藏。周震甲，字东木，号朗谷。中举人后，历任河南通许、尉氏诸县。后在太康任时，将积攒的两千两白银全部买了书，并运回济南老家。周震甲回济南后，用余资购买了贤清园，因其号"朗谷"，故将园名改为"朗园"。

清代王培荀在《乡园忆旧录》中对朗园的情景进行了记录：朗园大门外有一副对联，联曰：田家况味，只寻常流水当门；远山在目，林下光阴岂寂寞。"入门，巨竹拂云，清泉汹涌，过亭下，飒飒如风雨声，汇为方塘，周五六十步，名'贤清泉'。水最清洌，好事者汲以煮茗，云味冠诸泉。"贤清泉迤北有堂，堂外有楹联：舍南舍北皆春水，微雨微风隔画帘。堂后有一大池，蓄养着百余条二三尺长的锦鲤。园林优雅，景色殊绝。

清代诗人、安丘人张善恒《悬清泉》曾写道："一水悬空碧，争夸娘子湾。银河遥坠处，倒影认青山。"众所周知，济南有佛山倒影的景观，千佛山的山影可倒映在大明湖中。贤清泉水面宽阔，水质清澈，旧时也可以倒映山影。

朗园于光绪初年被道员李宗岱购买，他在朗园基础上修建了厅堂和亭榭，并于光绪三年（1877）将其易名为"汉石园"，其友人称这里为鹰园、鹰石园，附近居民则称之为"李家花园"。

李宗岱（？—1896），字山农，广东南海（今广东省佛山市）人。

原竖立于贤清泉畔的《麃孝禹碑》（拓片）

道光二十九年（1849）为山东候补道，同治八年（1869）署山东布政使，光绪三年（1877）署济东道，五年任山东盐运使，六年任济东道。光绪十一年（1885）后，曾在山东平度、招远、牟平等地开办采金工场、矿务公司等。

李宗岱之所以将这里称为"汉石园"，是因为园中有一重宝——西汉《麃孝禹碑》。《麃孝禹碑》刊刻于西汉河平三年（前26年），为中国现存最早的墓碣，又称《麃孝禹刻石》《河平刻石》。碑呈圆首长方形，通高182厘米，宽40～46厘米，厚24～26厘米，顶端阴刻房檐形装饰，左右界格上方各刻一鸟，鸟下方各刻隶书铭文一行，右行8字，左行7字，记述了立碑的时间、地点、碑主。

《麃孝禹碑》是同治九年（1870）泗水知县宫本昂治河平邑时发现的，存于泗水县学，后辗转归李宗岱所有。李宗岱将该碑移置于济南东流水汉石园中，并筑碑亭保护。1920年时，《麃孝禹碑》又为莒县人庄钰所得，后转至山东图书馆内附设的山东金石保存所。1937年日军侵入济南后，图书馆内滞留的文物相继失窃、散佚，《麃孝禹碑》亦不知去向。1950年7月，在经四路纬一路成大汽车行厕所内发现了《麃孝禹碑》，山东省古代文物保管委员会将其运回收藏。今藏于山东博物馆，为国家一级文物。

李宗岱的外甥张荫桓当时也居住在汉石园中。张荫桓（1837—

1900），字皓峦，号樵野，广东南海人，清末政治家、外交家。张荫桓是甲午战争时期，清政府外交决策重要的参与者和执行者，也是戊戌变法幕后重要的推手之一。张荫桓弱冠时应童子试，不中后决定放弃科举之路。同治三年（1864），张荫桓纳资捐得候补知县，后发山东候补。张荫桓来到济南，借住在舅舅李宗岱家补实缺。此后，在李宗岱的举荐下，张荫桓先后成为山东巡抚阎敬铭、丁宝桢的幕僚。张荫桓曾写诗记录贤清泉畔的景色："霏金淳悬碧清阁，瑰宝鸿文汉石园。四座古欢雄海岳，杜门清趣似江村。深冬万树生寒绿，隔岸虚亭落涨痕。长忆围棋频眺墅，异乡犹得共朝昏。"清末，贤清泉附近的园林彻底荒废。

1986年，五龙潭公园辟建时将贤清泉划入公园，整修泉池，并于汉石园旧址建揽泓榭，游人可于此赏泉、怀古。2009年，公园扩建时重建亭轩，并改名为"贤清榭"。

贤清榭位于贤清泉之上，是一组传统形式的园林建筑：起脊、悬山、翘角，四面出檐，上饰吻兽，仰合小瓦。榭前抱住悬有一楹联："烹茗莫非陶学士，来贤疑是陆茶仙。"此联用"陶学士""陆茶仙"两人典故，劝人莫要附庸风雅，要做有学之人。陶学士，指宋人陶穀，后周时曾为翰林学士，故称。陶穀曾买得党太尉家姬，遇雪，陶穀取雪烹团茶，问那女子："党太尉家应不识此？"姬曰："他是粗人，只知道在销金帐下浅斟低唱，饮羊羔美酒，哪有这种风味？"穀愧其言。此典本是讽刺寒士不谙富贵，后来"扫雪烹茶"成了文雅之举，人人效仿，以致被讥为"俗气"。陆茶仙，即唐代茶学家陆羽，他以创作世界上第一部茶叶专著《茶经》而闻名于世，被誉为"茶仙"。贤清榭四面均是玻璃门窗，宽敞明亮，可于内品茗、赏泉。

月牙泉

月牙泉位于五龙潭东南，古温泉东侧。今泉池内有两处泉眼：一处为古月牙泉，常年渗流；一处为新月牙泉，泉水涌状溢出，丰水时节泉水从3米高的湖石顶喷出，倒泻入池中，水花四溅，形成"月牙飞瀑"景观。泉池整修于20世纪60年代中期，呈不规则形，长13米，宽8米，深1.37米，以假山石驳岸。泉池畔自然石上刻有泉名，为山东书法家陈左黄于1987年题写。泉水沿曲溪，过石桥，穿竹林，最后流入西护城河。

月牙泉原位于东流水街路东，其名最早见于道光年间王培荀所撰《乡园忆旧录》："月牙泉，在西门外北巷中，形似初月，故名。水极清澈。"

月牙泉碑刻 耿仝摄

20 世纪 60 年代，月牙泉旁满是洗衣的妇女和戏水的孩子　王建浩摄

月牙泉　李华文摄

清代，月牙泉的泉池如同月牙一般，与月牙泉一墙之隔的有一王姓人家，院内也有一方泉池，"蓄红鱼数十头，长几尺余，粗如巨桶，不知养自何年"。

20世纪50年代，为增加自来水厂供水，在古温泉东15米处，即月牙泉附近开凿了一处自喷井，涌水量巨大，水位常年高于地面。1965年，自喷井泉池与月牙泉池连接为一池，并以自然石驳岸，水面得以扩大。时值我国第一颗原子弹爆炸成功，为纪念此事，特意将自喷井的铁管外包以蘑菇云状山石，自喷井自此也就成为新的月牙泉泉眼。

月牙泉的出水口较高，是济南城区名泉中喷涌水位最高的，只有地下水位达到29米时才会喷涌。所以盛水期来临前，月牙泉总是在其他泉纷纷喷涌后，最后一个喷涌而出，从而成为济南地下水位高涨的标尺。月牙泉因此受到公众的关注，成为济南新七十二名泉之一。

　　五龙潭景区东部靠近西护城河一带，过去是一条颇具泉城特色的老街，名为"东流水街"。过去的东流水街南起估衣市街（今共青团路），北达铜元局前街，长410米，宽4米左右。今东流水街已成为公园中一处清幽、典雅的水景园，南部有中共山东省领导机关旧址、月牙泉，向北为竹林幽径，东部为西护城河。

　　据史料记载，古时这里因溪流交错，来往要乘小船，故又称"船巷"。明崇祯《历城县志》："船巷，西门外，亦名东流水。"而街西五龙潭泉群所属的古温泉、月牙泉、北洗钵泉、洗心泉、静水泉、回马泉、贤清泉、显明池等，以及无数的小泉，或展露街巷，或隐居深宅，并分别

月牙泉　资料片

汇合向东流入护城河中，故街名以"东流水"相称。《济南府志》记载："城西石桥北，城下……一名东流水，泉傍蔬甲，终冬常荣，流入城河。"东流水一带泉水遍布，杨柳垂荫，风景宜人，历代多有乡绅名士于此建园，其中以街北首路西的朗园、中段路东的徐园、南端月牙池西侧的漪园最为有名。

康熙三十年（1691）秋，《聊斋志异》作者蒲松龄受馆东毕际有之托来济南物色菊种，曾到过东流水。蒲松龄作《辛未九月至济南，游东流水，即为毕刺史物色菊种（二首）》七律诗，诗前有小引详尽描述了东流水景色："竹坞臼铛，辋川相似；烟波亭树，金谷还同。绕槛之径三叉，入户之溪九曲。扉临隘巷，每多长者之车；槛枭垂杨，时系达官之马。"真实诠释了济南"家家泉水，户户垂杨"的特色景致。

清代，这条街上还居住着一位杰出的文化名人周永年。周永年百无嗜好，唯嗜读书与藏书，曾着手创建公共图书馆藉书园，并编写了《藉书园书目》，以方便读者检索。据《清史稿·周永年列传》记载：周永年"乃开藉书园，聚古今书籍十万卷，供人阅览传钞，以广流传"。周永年仕宦清苦，节衣缩食，千方百计地购求图书，分门别类加以整理。经苦心搜辑，其藏书达五万余卷。他藏书的目的，并非以收藏渊博炫耀于世，而是为了保存、整理和普及古代文化遗产，"愿与天下同人共肩斯任，俾古人著述之可传者，自今永无散失，以与天下万世共读之"。桂馥曾资助周永年买田并筹办藉书园。他在《周先生传》中记载："先生于衣服饮食声色玩好一不问，但喜买书。有贾客出入大姓故家，得书辄归先生，凡积五万卷。先生见收藏家易散，有感于曹石仓及释道藏，作《儒藏说》，约余买田，筑藉书园，祠汉经师伏生等，聚书其中，招致来学，苦力屈不就。顾余所得书，悉属之矣。"周永年的藉书园在桂馥等人的帮助下历经艰辛终于办起来了，但他的"招致来学"的理想却并没有实现。不仅如此，他"竭数十年博采旁搜之力"得来的藏书在其死后渐就散佚了。

光绪年间，济南知府徐世光曾在东流水街建造第二徐园。徐世光（1857—1929），字友梅，号少卿，天津人。其兄徐世昌曾任中华民国国务卿、大总统。光绪八年（1882），徐世光考中顺天府乡试。光绪十二年（1886），以捐纳同知，分发山东。后袁世凯任山东巡抚，因徐世光的兄长徐世昌与袁私交甚密，于是先为徐世光补青州知府，旋即又调任济南知府。徐世光担任济南知府的第二年，在济南府署西隅的县西巷路东营造了一处徐园，作为休息之所。徐世光在任不到一年，正赶上周馥出任山东巡抚。周馥看不惯徐世光的名士习气与做派，于是以徐世光生病为由斥责道：济南府是全省官场最重要的枢纽门户，哪有躺在病床上便能治理的？勒令徐世光免除济南知府的职务。后来杨士骧出任山东巡抚。杨士骧与徐世昌为同年翰林，因此对徐世光十分优待，徐世光得以署济东泰武临道及督粮道，并任河防局、营务局等要差。

光绪三十二年（1906），徐世光应好友之邀，在东流水街东、第一虹桥北修建了另一座徐园，徐世光称之为"第二徐园"。他的好友许正邦曾在《第二徐园题咏》中介绍东流水及第二徐园道："出城西北隅，境宇高旷，景物清幽，濒河几家，自成村落，隙地数亩，隔绝市嚣，观察徐公筑室于此，退食之余，兼以娱志。"第二徐园建成后，杨士骧、柳堂、陈嘉楷、黄经藻、许正邦、吴筠孙等官员和文人都曾来此做客，仅诗作就有一百首之多。徐世光手书楹联一副，悬挂于园门前：水向东流，城北徐公今吏隐；门迎西爽，济南名士半湖居。

徐园北邻，是山东道员杜秉寅的杜园。杜园中有一汪泉水，向南流入第二徐园。杜秉寅（1854—1923），字宾谷，道名默靖，江苏淮安人。清代拔贡，光绪十九年（1893）任山东邹县知县，二十四年任高唐州知州，二十六年任临清直隶州知州，后补道员。及至民国初年，是山东有影响的官僚之一。杜秉寅除了官员的身份外，还是济南民间宗教的领头人。他曾为济南同善社的会首，后脱离同善社领导扶乩团体"济坛"。1921年，杜秉寅在济南创设宗教团体"道院"，崇奉至圣先天老祖，并担任第一任统院掌方，掌管道院一切事务。翌年秋，又主持成立了附属于道院的民间慈善团体"世界红卍字会"。杜秉寅与徐世光关系很好，在杜秉寅的影响下，徐世光也加入了道院，道名素一，后来参与了"世界红卍字会"的发起。

徐园对门，即东流水街路西，是济宁知州柳堂的柳园。柳堂（1843—1929），初名保安，后易名光贤、遇春、堂，字纯斋，号勖菴，晚号寿馀，河南扶沟人。光绪十六年（1890）恩科进士，后任惠民、德平、乐陵知县，东平、济宁知州。柳堂是徐世光好友，他先于徐世光在东流水建园定居，并与徐世光约定要比邻而居。柳园内景观优美，有笔谏堂、桐阴轩、寄庐、藏书楼等建筑。柳堂受其父影响，好书成癖，多所博通，"室中卷轴多至数十万卷，暇辄手一编，朱墨淋漓"。柳堂去世前曾留下遗嘱，死后将柳园所藏古籍全部捐赠山东省立图书馆。1932年，柳堂长孙柳式古将藏书一万四千五百三十一册（计一千〇七十八种）无偿捐赠给山东省立图书馆，受到全国关注。对于这次捐书，时任山东省立图书馆馆长、著名文献学家王献唐曾写道："估计月值二万余元有奇，为本馆创办以来最巨额之捐赠。"图书馆单辟一室，将书全部置于其内，因柳堂号寿馀，即名其室为"寿馀藏书"，室内还展出部分柳堂生前遗物。

东流水还有一处渠园，是夏继泉的住宅。夏继泉（1884—1965），字溥斋，号莲居，又号渠园，山东郓城人。清代曾任直隶知州、江苏知府、山东团练副大臣等职。辛亥革命时被公推为山东省各界联合会会长，民国后又任岱北道观察使、豫西道观察使、汝阳道道尹、山东盐运使等职。

东流水附近的护城河风光　陈希军摄

夏继泉曾在济南居住过 14 年，最初居住于大明湖附近，后在西门东流水渠园居住。渠园不大，却极为雅致，园中有一栋二层阁楼，名为"云护读书楼"。夏继泉精通音律，古琴造诣也很深，与近代诸城琴派著名代表人物王露是知音好友。1916 年，夏继泉辞职返济，当时正值王露于大明湖畔创办德音琴社。王露携两张自制古琴来渠园，为夏继泉的归乡祝贺。夏继泉则向他展示从河南汝阳带回的金丝桐木料，这是汝阳城南一老屋改建时拆下的旧料，是上好的制琴材料。王露欣喜异常，便在渠园住下来，一同制作古琴。他们画好图纸，请来工匠制琴，用时三个多月，监制完成了金丝桐古琴三张。王露用之对客弹奏，举座惊叹叫绝，众皆欢赞不已。再拿此前携来之琴与金丝桐所制之琴对比弹奏，其所发之声全被金丝桐琴盖过。在渠园，夏继泉还曾与王露共同研习古琴曲《碣石调幽兰》《广陵散》两谱，可惜没几年王露去世，他也未能卒业。王露去世后，其弟子、同为古琴名家的詹智濬曾来渠园向夏继泉请教。他感怀故人，痛为好友弟子再拨琴弦。

东流水街交通方便，水源充足，为手工业生产提供了得天独厚的条件，近代的阿胶、染织、造纸、电力、面粉等行业最早的生产厂家都设在这条街上。

东流水一带过去最出名的产品是阿胶。济南的泉水据传为"济水伏流"，与东阿阿胶井之水同源，"其清能治淤浊，沉降之性能治逆降痰，所制胶与阿胶一脉相承"。正因为这里具备了制造阿胶的天然条件，所以自清道光年间，就有人开始聘请东阿胶人在此设立小型阿胶作坊。清道光二十二年（1843）在东流水出现了阿胶作坊，仅租房数间，院内搭棚，置大锅数口，并无字号，生产季节一过，即分销所产阿胶，锁房走人，且时断时续。

同治年间，东阿人刘春云、刘代云在东流水设魁兴堂阿胶庄，前店后厂制售阿胶，初期年产阿胶即数千斤，是东流水阿胶厂店之始。光绪年间，东阿人司益臣在东流水开设延寿堂阿胶庄，规模稍逊魁兴堂。魁兴堂初期经营甚旺，后二刘争权夺利，互不相容，致厂店日衰，于光绪二十年前后歇业。于是延寿堂独盛一时，运往河南药材集散地禹州的阿胶，往往货未进城即被川、云、贵药商迎车抢购一空。刘春云族弟刘爱云集股金倒兑了魁兴堂店底，由济南赵树堂、刁济贤等五户出资成立了同兴堂阿胶庄。与此同时，济南广德药栈股东秦竹虚也聘东阿刘青云为经理，成立了广诚堂阿胶店。

北京同仁堂乐家老店分支济南宏济堂经理乐镜宇，鉴于京津各药店经销阿胶甚多，也于宣统二年（1909）在东流水设宏济堂阿胶厂，年产胶数千斤，运销京津乐家各店。至1937年，东流水阿胶业计有赵树堂、德成堂、宏济堂、同义堂（即原同兴堂）、延寿堂、九鹤堂六家，年产阿胶10万斤左右，已取代东阿城成为全国阿胶业中心。

民国时期，东流水一带的染织业非常繁盛。有1904年开设的双合成染布厂、四盛公染坊，1917年开设的泰祥顺染坊，1921年开设的瑞蚨祥鸿记布厂，1922年开设的益丰泰布厂，1924年开设的复豫布厂，1928年开设的中鲁布厂、瑞祥益布厂，1931年开设的长兴织布厂，1933年开设的道义染料厂，1934年开设的裕盛染坊，等等。除去这些染厂，东流水一带过去还有1928年开业的科学制革厂、1930年创办的仁和成制革厂、1933年投产的道义硫化钠厂等工业产业。无一例外，这些工厂都是排污大户，污水直接排入护城河。直到新中国成立后，逐步迁移了这些工厂，才解决了持续几十年的污染问题。

修建五龙潭公园后，东流水才又恢复了旧日的雅致景色。

古温泉

　　古温泉位于五龙潭东南，紧邻洗心泉、静水泉。泉水渗流，常年不竭。古温泉与洗心泉、静水泉同在一处泉池内，古温泉北侧是洗心泉，西侧为静水泉。泉池为长 18 米、宽 8 米、深 1.63 米的石砌长方形池，泉池南壁有"古温泉"泉名刻石，为书法家欧阳中石于 1987 年书写。泉水沿暗渠东流，与月牙、虹溪诸泉相汇，注入西护城河。

　　古温泉原名"温泉"，因其历史久远，故习惯上称之为"古温泉"。温泉是济南七十二名泉之一，金代《名泉碑》、明代《七十二泉诗》、清代《七十二泉记》中均有收录，同时被评为济南新七十二名泉之一。元代地理学家于钦在《齐乘》中转述金《名泉碑》时，将温泉位置记为"城西石桥北，城下"；明晏璧《七十二泉诗》中的《温泉》诗曰："太真偏爱浴华清，温润何如历下城。玉韫昆山何借润，不劳薪樵与煎烹。"明崇祯《历城县志》记载："温泉，西门外船巷北。一名东流水。泉傍蔬甲，经冬常荣。流入城河。"晚清历城文人王钟霖在《历下七十二名泉考》中记载："温泉，西门外东流水。泉温气蒸，旁生蔬甲，经冬愈荣。"古温泉水恒温 18℃左右，大旱不涸，隆冬季节，此处却热气腾腾，过去常在这一带种植冬季蔬菜。温泉也因此而得名。

　　清代著名诗人王士禛曾对古温泉做过细致描述："济南发地皆泉，而其奇犹在城西。温泉者，七十二泉之一也。出自西门……不百步，折而北，有清流贯乎通达，汇为方塘。居人之汲者、浣者咸集焉。"

古温泉　陈希军摄

民国时期，古温泉西侧是一堵围墙，南侧是一座四合小院，院东二层小楼就是中共山东省委机关早期活动的旧址。为保护革命遗迹，美化游览环境，1964 年和 1968 年，先后将附近的静水、洗心两泉合并入古温泉的泉池。1985 年建五龙潭公园，又将古温泉水面扩大为一个大泉池，池上建水廊、双亭。

中共山东省委机关办公旧址是闻名遐迩的革命纪念地、山东省省级重点文物保护单位之一。旧址原为东流水街 105 号（后改为 111 号）赵树堂阿胶庄门市楼，东面临街，是一座坐西面东的二层小楼，上下各三间，楼下原为两间店铺及门房，楼上室内按当时的样子摆设桌、椅、茶具、办公用品等。小楼门前有月牙泉，门北为古温泉，院内有洗心泉，周边有五龙潭泉群环抱。

赵树堂是济南医药界的一家老字号，为东流水阿胶业中年代较久、发展较快的一家。中医赵树堂在咸丰年间就向东流水阿胶作坊订制阿胶，以自己牌号盖印包装外销。后又向魁寿堂、延寿堂等订货，其销量至数千斤。赵树堂去世后，其子赵永钦以赵树堂之名在同兴堂入股。1920 年，赵树堂之孙赵西伯正式在东流水成立赵树堂阿胶庄，自产自销，年产阿胶达两万多斤。赵树堂老号过去在小楼南侧西去的胡同中段拐角处，大门朝东，院内有回马泉及许多小泉。回马泉东侧有墙，与小楼分隔成两个院，楼房临街，时有出租。东流水街路西这座不起眼的小楼，是赵树堂阿胶庄的一处门市房，1925 年至 1927 年间，中共山东省委机关就在这栋小楼的二楼办公。

中共四大前后，济南地区中共地方组织有了很大发展，大批经过实际斗争锻炼出来的优秀青年成为党的骨干。中共济南地方组织的积极开拓，推动了全省各地党团组织迅速发展壮大，山东地区成立统一党组织的条件已经具备。

　　1925年3月初，根据中共中央的指示，在中央巡视员尹宽的主持下，济南和青岛、淄川、张店等地党组织的代表在济南举行会议，以中共济南地方执行委员会为基础，成立了中共山东地方执行委员会，选举尹宽、王尽美、王翔千、刘俊才、邓恩铭为委员，尹宽任书记，统一领导全省的党组织。中共山东地方执行委员会成立后，选择此处为机关办公所在地，这里即成为中国共产党在山东活动的中心。

　　1925年11月7日，山东地执委在济南筹备纪念十月革命活动时暴露，地执委机关遭到破坏，邓恩铭、王用章等8人被捕。12月，中共中央派

20世纪60年代，中共山东省委机关旧址与古温泉　王建浩摄

张昆弟到济南，任临时地委书记，整顿山东党组织。中共山东地方执行委员会改为中共山东临时地方执行委员会。张昆弟来到济南后，为整顿党的基层组织，在济南、张店、淄川等地举办党员、团员训练班，培养工作人才。直到1926年2月中旬，才撤销中共山东临时地执委，重新建立中共山东地执委，由张昆弟任书记，李耘生任宣传部部长，刘俊才任工农部长，王兰英任妇女部长。

1926年10月，中共山东地方执行委员会在济南召开会议，正式建立了中共山东区执行委员会，吴芳任书记，委员有邓恩铭、王复元等，

中共山东省委机关旧址　耿全摄

中共山东早期历史纪念馆　资料片

济南党的基层组织由中共山东区执委直接领导。

　　1927 年初，随着北伐军的逼近，奉系军阀在北方开始大批捕杀共产党员和革命群众。1927 年 5 月，张宗昌开始在济南疯狂抓捕共产党人。山东区执委办公地点迁往别处，济南的大部分党员、团员也被迫撤离，济南的共产党、团组织的工作均处于停滞状态。直到 1927 年 6 月，在山东区执委的基础上，建立中共山东省委，济南党的基层组织改由中共山东省委直接领导。

　　1925 年至 1927 年间，中共中央先后派任弼时、邓中夏、关向应等同志来山东视察工作时，都曾在东流水街上的这座小楼中向山东党组织传达中央指示，指导山东党的工作。中共一大代表、山东党组织的创始人王尽美、邓恩铭，以及张昆弟、吴芳、李耘生、关向应等坚定的共产党领导人，都曾在这里从事过革命活动。山东第一批共产党人鲁伯峻等马克思学说研究会会员转为中共党员，也是在这座小楼上举行的入党宣誓仪式。

当年，小楼周围有许多手工作坊，东流水街连着五六条小街巷，便于隐蔽和转移。楼上中间有木板墙分隔成里外间，外间布置很简单，靠东墙有一张床，床上铺苇席，没有被褥，南窗下有方桌，桌上摆放带提手的瓷茶壶和三四个没有把的茶碗，楼下是阿胶店铺。邓恩铭常化装为客栈账房先生，似商人出入其间，王尽美则常扮作小学教师，不为人所注意。他们总是跟一楼忙碌的药铺店员热情地打完招呼，便顺着窄窄的楼梯急匆匆地上到二楼。在这不足十平方米的小屋里，他们处理文件，印刷党报刊物，商讨全省的党务工作。

这栋小楼见证了一个波澜壮阔的时代，成为济南革命历史的一个红色地标。1963 年，济南市对旧址进行了维修，复原了当年的室内陈设。1977 年，这里被山东省政府公布为省级重点文物保护单位。1986 年辟建五龙潭公园时，保留了此两层小楼，扩建了陈列室及亭榭等。后由山东省、济南市两级党史资料征集委员会及济南市园林局筹建，以小楼为基础建设中共山东省党史陈列馆，并于 1987 年 9 月开放。1990 年，又在旧址南侧建设新馆，并于 1991 年"七一"前夕落成。中国共产党成立 100 周年之际，以中共山东省委机关办公旧址为核心，拆除遮挡省委机关旧址的原山东省党史陈列馆和原山东省文物总店，新建一座展馆，同时复原东流水街南段，打造了中共山东早期历史纪念馆。

中共山东早期历史纪念馆的展区达 1358 平方米，既有展板、照片、视频、油画，又有文献、文物、雕塑等，展现了山东早期党组织的创建发展在中国共产党党史中的重要历史地位。

中共山东早期历史纪念馆实体展馆共两层，陈列展览主题为"齐鲁曙光"，生动再现了新民主主义革命时期，中共山东党组织的发展状况和率领人民群众进行艰苦卓绝斗争的历程。

洗心泉

洗心泉位于五龙潭东南,古温泉北侧。泉水出露形态为渗流,常年不竭。1964年重新修建泉池,将洗心泉与南侧的古温泉连在一起。1986年建五龙潭公园时,将洗心泉与古温泉、静水泉融入同一泉池内,扩大为长18米、宽8米的泉池,并在泉上修建了水廊、双亭。泉池不远处还有一小方池,为近年增建,每年水旺时都有泉水渗出,池中一方大石上刻有"洗心泉"三字。洗心泉的泉水沿暗渠东流,与月牙、虹溪诸泉相汇,注入西护城河。

清康熙年间,历城人张秀在洗心泉附近建了一所园林,名"漪园",当地居民称其为"张家园"。张秀,字泗水,终身无官爵。乾隆《历城县志》"本传"称其"家素封,世以善良称于乡"。

漪园以水为胜,跨水建有亭、堂、阁、廊等建筑,幽静典雅,园中种植荷花、修竹,"荷气凉于水,竹烟高似云"。清初大诗人王士禛曾为漪园作记,详细记载了这个园子的全貌:一进大门,是一条石砌的路,路尽头又一门,门两旁植有垂柳,婀娜多姿,进门不远有一堂屋,名"漱玉堂"。漱玉堂后有一方池,水珠串串如漱玉,池塘四边以白石栏杆相围。池岸有杨柳合抱,柳丝点入水中,与青藻相依。池周清凉,盛夏常有人于此避暑,"炎景却避,凉风洒然,游者徙倚不能去"。池东,沿曲廊向南为清浩阁,拾级而上,举目可见南面起伏的群山,低头可见清清的泺水由南而来,与此处小溪相汇,同入大明湖。清浩阁上写着唐诗一联:

洗心泉曾与古温泉同池　李华文摄

"泉声到此尽，山色上楼多。"下了水阁的石磴北去，是一长廊，长廊两侧是建于溪上的大溪阁。廊的尽头有一亭，上有匾额，写着"云根雪瀑"。亭前修竹蔽日，桧柏、桐树绿荫如盖。

张秀及其儿孙辈均好结交文人雅士，因而每当夏秋季节，这里便成了文人们消暑赋诗的乐园。清初济南名士朱缃曾游漪园。时值初秋，太阳即将落山，朱缃骑驴来到漪园"追凉"。他描绘漪园的美丽景致道："斑竹栏杆小径通，莎亭薜榭水声中。凤翎装画披吴锦，螺甲添香爇汉铜。

近年来新辟的洗心泉泉池　左庆摄

杨柳轻垂人影碧，海棠低拂渚波红。酒徒可许频来往，逢着花时饮翠筒。"
清代浙江慈溪诗人冯溪曾游幕济南，就居住在城西，他生动记载了邻人
漪园主人流泉香阁、竹径幽室的风雅生活："自作齐州客，城西十五年。
邻家有乔木，小阁抱流泉。北郭槛中尽，南山城上悬。频过因看竹，不
问孝廉船。小径通幽室，虚窗四面开。墙头分竹去，石隙引泉来。水暖
烟连屋，花深香护苔。辋川在何处，此地亦悠哉。"

　　山东按察使沈廷芳曾于乾隆十三年（1748）游览过此地，他后来写
道："时值三伏，洒然忘暑，唯闻禽声与泉声相和，不知旅游之倦。寻
步至巷南张氏漪园。园缔构若胜贤清草堂，榭周遮几无隙土，则余不能
无微议焉。"清代戏曲家、文学家蒋士铨也曾游览过漪园，他称赞道："入
门水木露明瑟，坐见石齿流渐渐。树根煮汲响争沸，清味注腹殊酸碱。
轩阶向背合疏密，露台俯仰皆可觇，清濠如练抱城脚，女墙侧放秋山尖。

虚堂曾与驻青盖，亦觉花木增清严。下台缓步倚方沼，投饵一试群鱼馋。"蒋士铨认为，正是因为漪园园主一代又一代地维护，才有了这优美的园林景观，也由此可见园主非同常人的胸怀。

《广齐音》的作者董芸也曾多次来过漪园。董芸，字香草，号书农，清代诗人。董芸出生于山东平原县名门望族董氏家族，其曾祖董讷官至封疆大吏，祖父董思凝官至山西布政使司参议，叔父董元度是著名诗人。董芸曾中过举人，却终生未入仕途。他曾创立景颜书院，毕生致力于讲学著书，以诗名世。其文章、诗作清和婉转，言辞动人。著有《历下山水纪略》《诗话》和《历下山水纪略》等。董芸曾多次到济南，或居于华山之阳，或居于芙蓉泉畔。乾隆二十九年（1764）年前后，尚在幼年的董芸就曾到过济南，游过漪园。30年后，他在写《广齐音》时，仍觉漪园风景宛然在目："柳外红楼竹外泉，座中曾擘薛涛笺。于今自笑垂垂老，一别名园三十年。"

静水泉

　　静水泉位于五龙潭东南，洗心泉西侧，古温泉西北。泉水出露形态为渗流，常年不竭。1968年重修泉池时，将静水泉与洗心泉、古温泉连在一起。1986年建五龙潭公园时，扩大为长18米、宽8米的泉池，并在泉上修建了水廊、双亭。三处泉的泉水沿暗渠东流，与月牙、虹溪诸泉相汇，注入西护城河。

静水泉　左庆摄

静水泉所在院落称为尽园，与其西侧的余乐园一起，构成一组革命历史纪念性建筑群，总占地面积 1800 多平方米。尽园由展览室、接待室、美铭亭、角亭、回廊等建筑组成，建筑以砖木为主，辅以钢筋混凝土，粉墙灰瓦，花棂漏窗，朴实无华。尽园东厢三间，为硬山起架外楼梯两层小楼，原为中共山东省委机关旧址。西、南侧两幢民居式小楼，为 1987 年新建，风格与中共山东省委机关旧址的两层小楼协调统一。楼亦两层，悬山出厦。3 幢楼呈东南西三向摆布，北向敞开式，形成的小院谓"尽园"。尽园北侧静水泉处，建美铭亭。该亭西接长廊，取王尽美、邓恩铭二人名字中的"美""铭"两字命名，运用了拟人建筑法。它亭亭玉立在古温泉澄澈明净的水面上，水中锦鱼游戏，寓意革命先烈并肩创业，党群关系鱼水情深。

静水泉北侧，是美铭广场及王尽美、邓恩铭雕像。美铭广场占地 388 平方米，于 1988 年 7 月 1 日正式落成。广场北侧立有中共一大代表、山东党组织创始人王尽美和邓恩铭并肩站立的雕像。这座纪念像由著名雕塑家张玉林设计完成，像高 4.3 米，底座 0.8 米，总高 5.1 米，材质为莱州樱花红花岗岩。雕塑中王尽美、邓恩铭并肩站立，王尽美一手拿着《晨钟报》，一手紧握拳头放在讲台上，似在向人们宣讲革命真理。邓恩铭手持《共产党宣言》，与王尽美并肩站立，反映了革命战友亲密无间。他们昂首挺立，目视远方，展示了先烈们大义凛然、英勇无畏的气概。整个创作运用大块面、直线条结构，充分体现烈士的性格特征。塑像下方讲台正面被处理成平面，上镌刻有董必武《忆王尽美同志》诗。

王尽美与邓恩铭是山东党组织最早的组织者和领导者，中共一大代表，在党的创建和早期革命活动中作出了卓越贡献。

王尽美（1898—1925），原名瑞俊，又名烬美、烬梅，字灼斋，出生于山东莒县枳沟镇大北杏村（今属诸城）一个贫苦的佃农家庭。1918

王尽美、邓恩铭像　王琴摄

年春，20岁的王尽美怀揣家中借来的一块银圆，步行近100里来到高密车站，乘上了前往济南的火车。他到济南后，参加了山东省立第一师范学校的入学考试，顺利被录取。"五四运动"期间，王尽美结识了邓恩铭，他们一见如故，成为亲密无间的革命战友。

邓恩铭（1901—1931），又名恩明，字仲尧，出生于贵州黔南荔波县水浦村板本寨的一户水族农家。他自幼聪明伶俐，读书期间，受到老师高梓仲民主革命思想的影响，很早就怀有忧国忧民之心。1918 年，邓恩铭考入山东省立第一中学。"五四运动"期间，邓恩铭以极大的热情投入到爱国运动的洪流中。他奔走于各学校之间，在联络工作中做了大量工作，结交了一批志同道合的青年朋友，锻炼了他的组织领导能力。

王尽美、邓恩铭在"五四运动"中结成了战斗友谊。经过运动洗礼，他们开始寻求彻底进行反帝、反封建的道路和方法。通过学习，王尽美、邓恩铭的世界观发生了实质性转化，接受了马克思主义学说。不久之后，王尽美与邓恩铭一起，联络在齐鲁书社结识的一批向往共产主义的进步青年，发起组织了康米尼斯特学会、励新学会等进步组织，专门学习研究马克思主义理论。1921 年春，王尽美、邓恩铭发起建立济南的共产党早期组织。同年 7 月，王尽美、邓恩铭代表山东共产党早期组织，赴上海出席中国共产党第一次全国代表大会。会后回济南，建立了中共山东区支部。

这两位志同道合的革命同志，为了党的事业鞠躬尽瘁，先后献出了自己年轻的生命。王尽美为革命活动日夜奔波，长期的忘我工作和艰苦生活使王尽美患上了严重的结核病，二十七岁即抱憾身亡。邓恩铭的死则充满了壮烈色彩。1928 年 12 月，由于叛徒告密，邓恩铭在济南被捕，倍受折磨。1931 年 4 月 5 日，他与 20 名同志手挽手，高唱国际歌，在纬八路刑场慨然就义，时年三十岁。

1961 年，董必武南下巡查工作时，想起了王尽美与邓恩铭两位同志，提笔写下诗句："四十年前会上逢，南湖舟泛语从容。济南名士知多少？君与恩铭不老松。"

东流泉

　　东流泉位于五龙潭景区尽园内,中共山东省委机关办公旧址西。泉水出露形态为渗流,常年不竭。泉池为石砌长方形,长3.34米,宽2.42米,深1.69米。水流与净水泉、洗心泉、古温泉的泉池相通。

　　东流泉,别名东流水泉,因位于过去的东流水街105号院内而得名。东流泉最初名为感应泉,因附近有一佛寺而得名,20世纪60年代定名为东流泉。早年曾因干涸被填埋,1987年得以恢复,并重建泉池。

　　1922年,山东党组织早期的组织者和领导者之一王尽美创办了《山

东流泉　左庆摄

东流泉所处的尽园　耿全摄

东劳动周刊》，他在该刊上发表了一首名为《无情最是东流水》的诗："无情最是东流水，日夜滔滔去不停。半是劳动血与泪，几人从此看分明。"看诗题及前两句，会以为这是一首寻常的叹风物变迁的诗，看到后两句才知道，前面的这种古雅的吟咏只是起兴。后两句语意突转，单刀直入地切换主题：黑暗统治下的工人，日日夜夜辛苦劳作却不被关注，血泪如同东流之水般深重浩大。直到有了中国共产党，有了马克思主义真理，"几人从此看分明"。王尽美作为无产阶级革命家对劳动人民的深深关切，通过这首诗跃然纸上。他正是肩负着这种救国救民的重任投身于革命，终积劳成疾，年仅二十七岁便如东流之水一般逝去。人虽殁，其关怀劳工的精神却留在世间，与泉长存。在这处以王尽美名字命名的尽园中，称这处泉为"东流水"再恰当不过了。

玉泉

玉泉位于五龙潭东南 20 米，回马泉北。泉水出露形态为涌状，常年不竭。今池呈不规则形，长 4.2 米，宽 2.7 米，深 0.85 米，池岸以自然石砌垒。泉池上方自然石上刻有"玉泉"二字，为当代书法家梁修于 1987 年题写。泉水自隐于石隙中涌出，沿水渠蜿蜒东流，入古温泉北的余乐池，向北流入荷花池，穿曲桥向西泻入五龙潭。

玉泉为济南新七十二名泉，是一处人工钻孔泉，约开凿于 20 世纪 60 年代，最初并无泉名。1983 年，园林部门将其命名为玉泉，以彰显泉水清澈见底、晶莹如玉。关于"玉泉"的得名，取意于李清照纪念堂前的漱玉泉。"漱玉"一词源于西晋文学家陆机《招隐诗》"山溜何泠泠，飞泉漱鸣玉"，形象地描绘了泉石相激、飞花溅玉的景象。修筑玉泉泉道时，也关注到了"漱玉"这一立意，泉池高于水道，营造出泉水漱玉的效果。历史上，济南有北漱玉泉、南漱玉泉，现均已消失。现有趵突泉景区李清照纪念堂的漱玉泉，以及近年才命名的章丘漱玉泉。此外，济南西营镇上阁老村玉泉寺旧地还有一处玉泉。据《历城县志》记载："玉泉，在龙集寺观音阁下，涓涓东注，龙集独胜。"明嘉靖年间于龙集山建龙集寺，寺内观音阁下有玉泉，为当地一大名胜，后湮没。今山下有水自岩缝流出，汇于池内，亦称玉泉。

五龙潭景区内的玉泉，其景观营造则取自北京玉泉。北京万寿山之西有玉泉山，金章宗时于山麓建泉水院。山上有三个石洞，分别在山西

玉泉　陈希军摄

南、山南、山根处，山洞附近均有泉水涌出。一洞下有泉，泉水深浅莫测；一洞泉水流出鸣若杂佩，色如素练；一洞泉水清澈，其味甘冽。山根处洞门上刻"玉泉"二字，山泉水透迤曲折，其流若虹，故被称为"玉泉垂虹"，为燕京八景之一。乾隆帝曾言："泉喷跃而出，雪涌涛翻，

玉泉旁的泉池　左庆摄

济南趵突也不过是也，向题八景者，目以垂虹，失其实矣。"故将这一景观改为"玉泉趵突"。五龙潭景区内玉泉的命名则暗合"玉泉趵突"，将玉泉与不远处的天下第一泉趵突泉相呼应。1987 年济南修筑玉泉泉池时，提炼北京玉泉山泉水的特质加以营造：泉水自岩洞中涌出，泉道透迤曲折。正式命名玉泉后，其水质甘洌之名鹊起。

经化验，玉泉水为优质矿泉水。玉泉是济南较早的市民自发形成的取水点，附近居民多携带大桶来此排队接取泉水。为方便各地游客，玉泉被改建为泉水直饮点，泉池旁设有多个泉水涌口，游客可俯身汲饮。

泉畔有一建筑，名玉泉茶园，正对远处的王尽美、邓恩铭雕像。门上悬联："清泉生响当为漱玉，诸客仰流应是洗心。"大意是说：清澈的泉水倾泻在石头上的声音非常清脆，犹如敲击玉石；纷纷攘攘的游客到此瞻仰先贤，坚定了信仰，洗涤了心胸。

虬溪泉

　　虬溪泉位于五龙潭景区古温泉东侧，南临月牙泉，东临护城河。泉水出露形态为涌状，常年不竭，水势甚盛。今泉池为 1987 年重修，由自然石垒砌，不规则形状，长、宽各约 7 米，深 1.04 米，参差错落。池东岸壁上镌刻泉名"虬溪"，系书法家朱学达于 1987 年题写。泉水汇成溪渠，流入西护城河。

虬溪泉　左庆摄

虹溪泉　陈希军摄

　　虹溪泉为一处人工钻孔泉。1965 年，水文地质部门在这里做泉水探测试验，钻探时泉水从钻孔涌出，粗如碗口，水势蔚为壮观，因此将此处作为一处泉眼予以保留。因这处泉水喷涌的水流如虹龙卷曲盘绕，1983 年被命名为"虹溪"。虹，取盘绕弯曲之意。相应地，在趵突泉景区金线泉北还有一处名为"虹石"的太湖名石，它们同时被命名，一南一北，一石一泉，遥相呼应。

　　虹溪泉周边山石叠翠，古木交柯，林木森森，清泉汩汩，风格独具。泉池玲珑别致，情趣盎然。泉池中央一块自然石上有一泉眼，碗口般粗细，汩汩泉水自泉眼中腾空涌出，溅起团团雪白的浪花，然后沿着石溪，穿过泉池东面丛密的竹林，曲折蜿蜒，跌落在护城河中。因其水量巨大，景观优美，所以被评为济南新七十二名泉。

北洗钵泉

北洗钵泉位于古温泉北侧，月牙泉西北角。泉水出露形态为渗流，常年不竭。泉池不大，今为石砌长方形，上饰石栏，池长 2.08 米，宽 1.6 米，深 0.74 米。

北洗钵泉原名洗钵泉，为与趵突泉景区李清照纪念堂西北隅的洗钵泉相区别，故被命名为"北洗钵泉"。此泉位于原东流水街，是紧靠院墙的一个小泉池，因旧时位于一佛堂院内，故名洗钵泉。

"洗钵泉"一名最早见于元好问《济南行记》，但只能推测位于城西，不知其具体位置。元代《齐乘》收录的《名泉碑》中记载，洗钵泉的位置在"登州东北"，明末的《历乘》一书则称洗钵泉"有其名而莫辨其址"。崇祯《历城县志》记载，洗钵泉在"马跑西，金线正北，流入城壕"，之后的邑志中均记载洗钵泉在马跑泉西、金线泉正北，此记载当是趵突泉泉群的那处洗钵泉。北洗钵泉在民国地图中标注为"洗钵泉"，位置在东流水街西侧。1982 年出版的《济南的泉水》中称："东流水街的古温泉及其附近的洗心泉、静水泉、北洗钵泉、东流泉、月牙池等六个泉汇成一股水流，向东流入西护城河。其余各泉都与五龙潭泉水一起向北流向生产渠。"该书在《五龙潭泉群分布图》中，则将北洗钵泉标注在东流水街东侧，该泉在当时已经不再喷涌。

洗钵，即清洗钵盂，是佛教禅林用餐结束后进行的一种仪式化的清洁行为。僧众受食已毕，应当如法涤器。洗钵时需卷起衣袖，两手持钵，

北洗钵泉　左庆摄

装入清水后，将钵置于膝上。随后以左手旋钵，以右手之刷细心刷洗钵内外，最后用布盖住钵，并将钵顺左旋拭干。洗钵时还可以加持偈咒，以表示对洗钵水的祝福，使其具有特殊的意义。据说，此法水可普济众生，令其善芽增长，罪垢荡除，离生死之热恼，除贪爱之枯竭。

《大智度论》中记载着这样一则佛教故事：有一位阿罗汉常受龙王祈请，通过一个大泉池，前往龙宫说法应供。一次，阿罗汉应供后回到住处，把钵交给他的沙弥徒弟去清洗。当时钵中残留了数粒剩饭，香味非常，沙弥忍不住吃掉了饭粒。他顿时感觉满口溢香，于是便对龙宫的食物生出了贪婪之心。有一次，他藏在阿罗汉的绳床下，两手紧捉绳床脚。阿罗汉禅修后带着绳床连同床下的沙弥，一起到了龙宫。龙王见到沙弥便问阿罗汉："尊者，您怎么让未得道者也跟来了？"阿罗汉说："我没察觉到。"既然来了，沙弥也得到了一份饭食。他享受着龙宫的饭食，看到龙女婀娜多姿，又生起了贪心。他暗自发愿：我要做大福德事，当龙王，住宫殿。阿罗汉临走时，龙王说："尊者，下回别带这人来了，太讨厌了。"

沙弥回寺后，一心行布施，踏踏实实去做功德，只为实现做龙王的愿望。阿罗汉呵斥他："佛说龙王有三种忧患：诸龙被热风、热沙触碰身体，受皮肉骨髓烧灼的苦恼；龙宫起恶风暴，诸龙要受失落珍宝和服饰，现出丑陋龙身的苦恼；诸龙在宫中娱乐时，常常遭受金翅大鸟前来捉食，因为恐怖，所以心中常怀热恼。"沙弥听了师父的训示，不以为然，还是一边精勤修习布施等世间福业，一边昼夜思念龙宫的美食，想着美丽的龙女。有一天，他在经行时发现脚下有水涌出，由此知道自己来世必当做龙，于是就跑到阿罗汉出入龙宫的大池边，用袈裟裹头投池自尽。沙弥死后，当下变成了大龙，顺利地杀死龙王，满池泉水顿时变得赤红。从那以后，他虽如愿以偿地坐上了龙王的宝座，却日日饱受当龙的种种痛苦。

由此看来，洗钵泉最初的命名，是附近佛堂居士将日用泉池与五龙潭的"龙宫"传说联系了起来。

北洗钵泉因水眼较浅，很早就干枯了，曾于1983年被填埋。1987年恢复泉池时，景区应"洗钵"之意，在泉边立一山石，似老僧洗钵，泉石相映，颇有趣味。

泺溪泉

　　泺溪泉位于西门桥北 50 米处，西护城河西侧岸下，东临月牙泉。泉水出露形态为渗流，常年不竭。泉池为不规则形，假山石驳岸，长 23 米，宽 4.2 米，深 1.49 米。泺溪泉大约于 20 世纪 70 年代被发现，水势甚盛，流入西护城河内。

　　泺溪泉原为西护城河边无名泉，最初与河水混在一起，周围居民都在此洗衣。20 世纪 80 年代规划五龙潭公园时，因西护城河古为泺水，泉在河岸下，故名泺溪泉。1983 年《济南市园林志资料汇编》一书中记

泺溪泉　陈明超摄

载泺溪泉道："泺源桥北 50 米处，河西岸，长 10 米，宽 3 米，深 1.5 米，不规则，自然石砌，为新发现泉。"书中的《泉水调查统计表（1983 年 6、7 月调查）》中记载，泺溪泉现状为"无边沿，与河混流"，备注："古温泉枯，该处仍涌水，洗衣者不断。为新发现之新泉。"

泺溪泉南的西门桥位于济南古城西门外，旧名泺源桥，是西护城河上最重要的桥梁，也是济南最古老的桥梁之一。泺源桥最初是木桥，每到汛期，南山下来的雨水汇集到城下，木桥常被洪水冲毁，屡毁屡建。宋神宗熙宁六年（1073），七个月没下雨，第二年到六月才下雨，大雨连下几天，桥被完全冲坏了。历城知县施辩向齐州府官建议说："年年桥都被洪水冲毁，建议造一座石桥，来缓解桥毁后重复造桥的劳役之苦。距齐州城的东面十五里的地方，有一座废弃不用的河堤，那里废弃的石铁可以取来造桥。"府官采纳了他的建议，并报告转运使，申请到了 27 万两银子的工费。施工进行得非常快，府库直接拿出建材和工具，组织大量民夫去山上采石，并出动军队出工出力。从 9 月至 11 月，仅用了三个月的时间就建成了一座三孔石桥。时值北宋散文大家苏辙在济南任掌书记，他亲笔写了一篇《齐州泺源石桥记》，记中写道：泺源桥"三跌二门，安如丘陵，惊流循道，不复为虐"。

西门桥历代曾屡次重修，清道光二十年（1840）重修后改为三孔石桥，中孔净跨 3.5 米，两边孔净跨各 2 米，长 17 米，宽 9 米。1951 年，改建为单孔钢筋混凝土拱桥，净跨 17 米，净空高 4.6 米，长 19 米，宽 20 米。下部结构为混凝土桥台，木桩混凝土基础。1973 年在桥南侧加宽，加宽部分为钢筋混凝土双曲拱，桥面宽度达到 24 米，成为古城通往共青团路的重要桥梁。

西门桥也是护城河航线中的重要节点，桥南五三纪念堂后有船站连接趵突泉公园，桥北泺溪泉一侧有船站连接五龙潭公园。西门桥与河面

西护城河　耿全摄

净空高度为 2.1 米，是护城河桥梁中最矮的，所以通航船只都以西门桥高度净空为基准，采用增进配重的方式将船体吃水线下压 0.2 米，使吃水线以上船体部分高度低于或等于 1.95 米，既保证了通航安全，又满足了乘船的舒适性。

与泺溪泉隔河相望的河岸上，有一组题为"济南八景"的临水浮雕壁画，包括趵突腾空、佛山赏菊、明湖泛舟、汇波晚照、鹊华烟雨、历下秋风、锦屏春晓、白云雪霁八大景观，刻画得惟妙惟肖。浮雕壁画于2009 年落成，由山东壁画家张一民创作。这组壁画的创作者不仅与北京奥体中心浮雕的创作者是同一人，连制作厂家也是同一家。

净池泉

　　净池泉位于五龙潭东南 20 米，回马泉北侧。泉水出露形态为渗流，常年不竭。净池泉与回马泉的泉池连为一体，泉水北流，又与东蜜脂泉流淌来的泉水汇为一不规则形的水域，自然石驳岸，深 1.2 米，称为鱼乐池。鱼乐池水向北，汇入五龙潭。

　　净池泉一名源于北魏郦道元《水经注》中的"净池"一词。"净池"

净池泉　王琴摄

净池泉　苏健摄

为五龙潭附近水域的旧称。《水经注》载，趵突泉水北流，"其水北为大明湖，西即大明寺，寺东北两面侧湖，此水便成净池也"。净池泉原是一无名泉，兴建五龙潭公园时，根据泉池的地理位置，并结合《水经注》的记载，将其命名为净池泉。

净池泉泉池又称"鱼乐池"，由净池泉、回马泉组成，内蓄锦鲤。池上曲桥卧波，桥上设有坐栏，游人凭栏赏看，尽得情趣，其景致被称为"曲池观鱼"。池中水榭横架，坐北朝南，前后抱厦，四面出檐，古朴典雅。榭名"鱼乐"，取《庄子》"鱼乐我乐"之意。

净池泉、回马泉所在院落称余乐园，鱼乐池及水榭居北，园南侧一为扇面小厅，环廊迂回错落，长廊起伏曲折。余乐园西南有武中奇故居，为一座三层小楼，一代书坛名家武中奇先生晚年在此生活了十多年。

鱼乐榭悬有"继武""诵芬"两块匾额，系 1987 年修建余乐园时悬挂，由语言学家、书法家蒋维崧先生书写。"诵芬"，化自晋代陆机《文赋》中的名句"咏世德之骏烈，诵先人之清芬"，谓颂扬盛德或美名，"诵"通"颂"。"继武"，出自《礼记》："君与尸行接武，大夫继武，士中武。"原意是指两足迹互相连接，后人常用以比喻继承前人事业。余乐园临水长廊尽头就是中共山东省委机关旧址，与这两块匾额相呼应。

鱼乐榭楹柱挂有两副楹联，均创作于 1987 年。其一为："廊凭翠障龙凭雨，石伴青松鸟伴花。"此联为吉常宏撰，书法家欧阳中石书。联文大意是，回廊水榭因为周围绿荫如屏才出众，传说中的龙因求雨有应才闻名；嶙峋怪石伴着青松才和美，鸟儿嬉戏在鲜花丛中方怡情。其二为："潭临外郭园临水，池带轻波柳带风。"此联为吉常宏撰，张百行书。联文大意是，五龙潭位于济南古城的外郭，亭园馆榭均临水而建；泉池中波浪微起，池岸上柳枝随风摇曳。

回马泉

　　回马泉位于五龙潭东南 20 米，净水泉南侧。泉水出露形态为渗流，常年不竭。回马泉的泉池呈长方形，长 9.3 米，宽 5.4 米，池南岸石壁上嵌"回马泉"石刻。泉池只有三面，其北侧与净池泉水域相连，称"鱼乐池"。泉水自池底多孔涌出，升起串串水泡，如泻珠玑，过石桥汇入五龙潭。

1955 年，位于江家池街 32 号的灰（回）马泉　济南市城建档案馆馆藏片

回马泉　王琴摄

　　回马泉原名灰马泉、灰马池，旧时传说是秦琼府邸的饮马池。据《西阳杂俎》记载："唐秦叔宝所乘马号忽雷驳，常饮以酒。每于月明中试，能竖越三领黑毡。及胡国公卒，嘶鸣不食而死。"秦琼有一匹战马，名叫忽雷驳。忽雷驳的毛色黑白斑驳，民间称这种毛色的马为"灰马"，饮过忽雷驳的泉池，遂被命名为"灰马泉"。但此泉名传说只在附近居民口中相传，并不见诸文字。

　　修建五龙潭公园时，园林部门采集泉水信息，听闻居民称此泉为灰马泉，并不知是哪两个字，便根据秦琼的相关传说，取谐音定名为回马泉。因为与秦琼传说有关，回马泉在市民中的影响颇大，被评为七十二泉之一。回马泉地势较低，水涌旺盛，池中有几十处泉眼，此起彼伏，间隔不断地涌出水泡，有的几十个一串，有的三三两两，大若圆枣，小若豆粒，飘飘摇摇上升到水面后纷纷炸开，形成一圈圈细密的波纹。池底水清见底，泉眼处涌出团团细密的沙砾，无数尾小鱼在沙砾边游来荡去。

回马泉定名后，又生出不少民间传说。一日，秦琼在此遛马，战马腾空，马蹄落地处现出泉眼，就有了回马泉。还有一种说法，秦琼曾在历城县衙当捕快，有一次，秦琼手持双锏，骑高头大马，追赶贼人至此，与贼人交战。在鏖战中，秦琼所骑的战马猛一回头，蹄力过猛，马蹄落处，一泓清泉从地中汩汩冒出，就是今天的回马泉。

清代《隋唐演义》等话本小说中，秦琼的坐骑为黄骠马，是一种黄毛夹杂着白点的马。黄骠马原是一匹羸弱又毛长筋露养不肥的瘦马，一日幸得秦琼慧眼识宝马，收为坐骑。在清代长篇章回体英雄传奇小说《说唐演义全传》中，黄骠马阵亡后，秦琼又抢来了尚师徒的坐骑呼雷豹。此马平时不叫，颔下有一肉瘤，肉瘤上有三根毛，一抓肉瘤马就轻叫，一拉上面的毛便叫声若雷。

清代以来，民间还流传着"秦琼卖马"的故事。话说历城县衙的捕快秦琼，受命来潞州办事，不幸染病于店中，所带的盘缠都已用尽。无奈之下，他把心爱的坐骑黄骠马牵到西门外的二贤庄去卖，将黄骠马拴

回马泉碑刻　耿仝摄

在庄南大槐树下。当地名士单雄信听说有人卖马,就去相马。秦琼早在山东就听说单雄信是一条好汉,只是眼下穷困潦倒,羞于颜面,不好意思通报真实姓名。而单雄信一听说卖马人是济南来的,便盛情邀请他到府上吃茶,顺便打听仰慕已久的山东好汉秦琼。秦琼只好谎称:"员外打听的人正是小弟的同衙好友。"单雄信得知他与秦琼是朋友,立马修书一封托交秦琼,并交了马价纹银三十两,外加程仪三两,不在马价数内,还取潞绸两匹相赠。秦琼瞒得了单雄信,却在潞州酒楼上邂逅了另一条好汉,他叫王伯当。王伯当告知了单雄信,害得单雄信到处寻找秦琼。后来两位好汉终得相识,单雄信盛情款待,让秦琼在二贤庄精心养病八个月。离别的时候,单雄信为他的黄骠马配上了金镫银鞍,并取潞绸、重金相赠,从此两人结下了莫逆之交。

"秦琼卖马"这一典故,出自《隋唐演义》第六回、第九回,《说唐演义》第五回。清代唐芸洲《七剑十三侠》第三十六回中评论说:"秦琼卖马,子胥吹箫,自古英雄,也曾困乏。"后来常用"秦琼卖马"来形容英雄到了困境。秦琼卖马的故事,也被京剧、汉剧、徽剧、湘剧、河北梆子等戏曲形式编排为剧目。

回马泉迤南不远原来有一条篦子巷,巷口曾有一家玉美斋食品店,据传说这里是贾家楼旧址,秦琼曾在这里与诸多绿林好汉结义。在中国演义小说作品中,有两次非常出名的结义,一次是三国故事中的桃园三结义,另一次则是隋唐故事中的贾家楼结义。因为两次结义的最终结果不同,也出现了"宁学桃园三结义,不学瓦岗一炉香"的说法。

传说秦琼是一位大英雄,人送外号"马踏黄河两岸,铜打九州三十六府一百单八县,镇山东半边天,孝母似专诸,交友赛孟尝,神拳太保"。在山东地界声望之隆无人能比,朋友更是来自五湖四海,交友遍天下。隋大业二年(606),在秦琼母亲过寿时,秦琼的一帮好友来捧场。这些朋友来自不同的阶层，不同的地方，有原本占据山林的绿林好汉，如单雄信等人，有来自北平罗艺的手下，也有来自隋朝的将领，如屈突通等。这些人聚在一起，是跟秦琼的义薄云天、豪爽仗义分不开的。他们在秦琼宅第南侧不远处的贾家楼相聚，秦琼、魏征、徐茂公等人结拜，歃血为盟。贾家楼结拜的人数说法不一，《隋唐演义》及相关评书中均为46人，《说唐演义》一书中为39人，《兴唐传》一书中则是43人。贾家楼结义一时被传为美谈，其结义的友人中有不少后来都成为唐朝的开国元勋。

这些传说和故事，都成为回马泉的一部分。

官家池

　　官家池位于五龙潭西北隅，显明池北侧。泉水出露形态为渗流，常年不竭。泉池呈不规则形，自然石驳岸，池深 2 米。泉池北岸石壁上镌刻有泉名，为山东书法家陈梗桥于 1987 年题写。泉水自池底多孔涌出，由东岸石上溢出，流入生产渠。

　　官家池的得名，一说因过去居住在泉畔的官姓人家而得名，一说是

官家池　左庆摄

官家池　王琴摄

因为泉池是旧时公共汲水之池而得名"官家"，皆为望文生义的误读。过去，濂泉胡同路北，正对裕宏街北头，原有一座关帝庙，该泉位于关帝庙东，故名"关家池"，后逐渐讹写为"官家池"。该池泉眼众多，水质清冽甘甜，昔日为附近居民炊用水源。据说，用池水生出的豆芽鲜嫩脆生，特别好吃。

　　官家池这里地势较低，泉水涌出标高水位为 26.3 米，比趵突泉涌出水位低半米多。故该泉是市区泉群中出流最早、断流最晚的泉池，被评为济南新七十二名泉之一。

　　官家池西北是一圆形草亭，名为潜确亭。"潜确"，典出《周易·乾卦》："潜龙勿用，何谓也？子曰：'龙，德而隐者也……确乎其不可拔，潜龙也。'"潜龙在渊的说法，意思是阳气（龙）潜藏在深渊之中，引申为君子待时而动，要善于保全自己，不可轻举妄动。"潜确"谓圣人在下位，隐而未显，所以这处园亭建为茅草屋样式，大有"潜龙在渊"

的意境。

1986年营造五龙潭公园园林景观时，考虑到"官家"之名古代也可用来称呼皇帝，便将潜确亭修建在官家池附近，以为呼应。史书中将皇帝称作"官家"的最早记载出自《晋书·石季龙载记》，但那时候"官家"并不是皇帝的专称。从五代十国时期开始，"官家"成为对皇帝的常用代称。到了宋代，"官家"一词最为流行，并且成为"皇帝之专称"。宋朝第五位皇帝宋英宗赵曙称帝前，曾被封为齐州防御史，赵曙登基后，齐州就成为"潜龙之地"。

潜确亭是由混凝土仿原木筑成，亭上题字为山东书法家耿彬书写。泉池周围绿柳夹岸，茅亭翠竹，小桥卧波，花木扶疏，环境十分幽静。

濂泉

濂泉位于五龙潭西北，裕宏泉西。泉水出露形态为渗流，水自池底多孔涌出，常年不竭。池以自然石砌垒，呈不规则形，泉池面积广阔，水深 2.5 米。池北自然石上刻有"濂泉"二字，系山东书法家梁修于1987 年题写。濂泉水质清澈，池底腾起串串水泡，水底细沙清晰可见，翠绿的水草悠闲摇曳，成群的小鱼儿穿梭其中。

濂泉是济南新七十二名泉之一，旧称"陈家池"，因过去泉池西侧和南侧曾住着几户陈姓人家，故而得名。濂泉南侧过去是一条小胡同，濂泉水清味甜，涌量较大，是附近居民的生活水源，担水、送水者往来不歇，这条胡同因此被称为"水胡同"。旧时，济南被称为"水胡同"的街巷有十余条，为避免地名重复，1929 年后将此街易名为"廉泉胡同"。

濂泉　陈希军摄

新中国成立后，"廉泉胡同"定名为"濂泉胡同"。1986年兴建五龙潭公园时，取胡同之名，将陈家池定名为"濂泉"。

旧日的濂泉胡同整体呈东西向，中有一北向的实胡同。胡同西口连接朝阳街的南端，东口连着星垣街、裕宏后街，北临彰贤街。濂泉位于濂泉胡同2号院影壁墙后，当时的泉池是一个较规则的长方形，东西长约20米，南北约15米，北面和东面是居家后墙，西北角长着两棵高大的柳树。泉池的东北角有三四米宽的出口，泉水自此流出与五龙潭水汇合，最终流入生产渠。濂泉并入五龙潭公园后，濂泉胡同被辟为公园绿地，胡同消失。

濂泉北，过去有一座张仙庙。张仙是道教神话中可为人消灾避邪且助人得子的男性神祇，民间认为张仙既能送子，又能佑子。《历代神仙通鉴》中记载，张仙是五代时期一位道士，名张远霄。张仙擅长弯弓绝技，逐杀凶神"天狗"百发百中，因此被视为儿童保护神。济南古城南关、西关各有一处张仙庙，清代时香火非常旺盛。张仙庙所在的街巷北被称为张仙庙街，1929年后易名为彰贤街。

今濂泉一侧有一组1986年建成的园林建筑，由亭、轩、门、廊组成。其轩名曰"濂轩"，因临近濂泉而得名，其匾额为山东书法家梁修题写。濂轩建在略高于地面的平台上，四面十二柱，出檐挑角，棕柱青瓦，上饰挂落，下设青石坐凳，前为月台，后依修竹。濂轩抱柱前有一副对联："濂泉清明鉴廉士，绿烟浓荫惠黎民。"此联创作于2005年，宝文撰联，张光容书写。大意是：这清澈的泉水如镜子一般，洞彻清正廉洁的人；泉池周树木繁茂，可观、可饮，泽被邻里。濂轩西接东西向半壁回廊，廊北植花木。濂泉西岸，为南北向水廊，至尽头为大门。门南立太湖石，植修竹。门东水廊深入水中，栈桥形式，廊端连接六角小亭，宝顶挑檐，棕柱青瓦，上悬匾额"寒玉"，喻泉水清冷雅洁。

显明池

　　显明池位于五龙潭东北侧，西为官家池。泉水出露形态为渗流，常年有水。今泉池为不规则形，自然石砌岸，深1.78米。池东自然石上刻有泉名，系当代书法家王仲武于1987年题写。泉水自泉池流出，与五龙潭水一起流入生产渠。

　　显明池原名"仙灵池"，称"仙灵"的原因，史书乏陈，我们不得而知。或许这一带曾流传着某个美丽的神话传说，也未可知。显明池位于原显明池街21号。显明池街是一条东西向的街巷，最初名为"仙灵池街"。1929年，为去除迷信色彩，将仙灵池街易名为"显明池街"。此后，仙

显明池　左庆摄

1956 年 11 月，生产渠疏浚后景象　济南市城建档案馆藏片

灵池也就逐渐被改称为"显明池"。据说，显明池还曾名为"鲜菱池"。过去，五龙潭迤北是湿地河沼，曾广泛种植着荷、菱、蒲、茭等水生蔬菜，因曾在池子里种养菱角而得名"鲜菱池"。

　　1913 年，著名历史学家傅乐焕就出生在仙灵池街。傅乐焕（1913—

1966），祖籍山东聊城。傅乐焕的八世祖是清代第一状元傅以渐，其曾祖父为傅普，祖父傅昉安，外祖父是济南著名士绅张英麟，父亲傅斯骧，堂叔是史学大家傅斯年。傅乐焕早年在济南读书，因父丧曾一度辍学。后得堂叔傅斯年之助，到北平中央研究院历史语言研究所充任书记员，1932年考入北京大学历史系。毕业后，任中央研究院历史语言所助理研究员、副研究员。后留学英国伦敦大学东方学院，获博士学位。1951年回国，历任中国科学院考古研究所研究员、中央民族学院研究部东北研究室主任。傅乐焕还是古籍整理出版规划小组历史分组成员，与同窗好友邓广铭、张政烺及其夫人陈雪白的伯父陈垣等，共同为我国古籍整理出版事业作出了杰出贡献。傅乐焕主要研究方向为北方民族史，尤重辽金史的研究，在某些领域的研究甚至有开创之功，与冯家升、陈述并称为"辽史三大家"。

自显明池开始，往北便是生产渠。生产渠，主要水源为五龙潭，从显明池开始，往北穿周公祠街，经于家桥、鲁丰文化产业园（原山东造纸总厂东厂），过少年路、少年宫，穿西圩子壕，在三孔桥街向北，于北园路折西，至中恒商城（原济南印染厂）东入工商河。全长2681米，宽2.8～4米，最大排水量为每秒5立方米。

生产渠最初名为"小河"，据明崇祯《历城县志》记载："小河，在龙潭迤北，蜜脂泉诸泉汇为溪流，莲塘蔬圃，相错如绣；垂柳覆堤，游人就浴。其流北注，稍折而西，入于听水。"近代，小河沿岸的工业企业、手工作坊，都利用小河中的水进行生产。随着城市区域的扩大，小河一带"莲塘蔬圃"的情景只能在北园一带才能见到了。1938年，市政局疏浚河道，部分地段铺设暗渠，在小河的基础上人工挑挖形成了今生产渠。1950年，再次修整河道，并正式定名为"生产渠"。

过去，在生产渠取水量最大的企业是山东造纸总厂，其前身为铜元局。

生产渠（小河） 陈希军摄

1903 年，山东机器局附设的铜元局在这一带开工建设，并于翌年 8 月竣工投产，日产铜元 10 万～20 万枚。山东铜元局于 1906 年 12 月停止生产，因水源便利，仍在此处改建官纸局。1907 年，山东劝业道道员、原铜元局总办丁道津开始筹建，委托礼和洋行购德国兰慈厂造纸机一部。1909 年 7 月，官商合办的山东泺源造纸印刷公司正式开业，厂区面积 47 余亩，由丁道津任公司总经理，为山东最早的一批民族工业。

泺源纸厂成立之初，产品尚好，销路畅达，后因"洋纸"输入大量增加，在竞争中逐年失利，迫于 1914 年停业。1917 年，山东督军马良租赁纸厂，改名成业造纸厂，因资本不足，生产年余，于 1919 年又告停业。1919 年，原察哈尔都统何宗莲伙同其他人，购买厂房机器，自行经营，并任总董事长，改厂名为华兴造纸股份有限公司。七七事变前，山东华兴造纸股份有限公司作为华北地区最大的造纸厂，在山东、河北、河南、察哈尔、

铜元局后街于家桥附近小河河段成为网红打卡地　王琴摄

绥远都有代销处，年产量达 1500 吨。1950 年 6 月，济南三个造纸厂合并为山东造纸总厂，这里为东厂。

　　如今，生产渠两岸已经没有企业取水，也不再有污水污染之忧。经过整治，生产渠已成为一条清澈见底的景观河，沿途于家桥、何家花园、三孔桥等河段，已成为游客经常探访的景点。

裕宏泉

　　裕宏泉位于五龙潭西北，濂泉南侧。泉水渗流，常年不歇。泉池为石砌曲尺形方池，长 4 米，宽 3.9 米，深 1.1 米。泉水南有暗渠与聪耳泉相通，北汇流入濂泉泉池。

　　裕宏泉原在濂泉胡同 4 号院内，泉名是借用附近的裕宏街命名的。裕宏街，原名星垣街，是一条南北走向的街巷。该街东侧原有一座道教

裕宏泉　左庆摄

宫观玉皇宫，山门原朝向西，明末改建时将山门改为南向。民国初年，玉皇宫西侧的星垣街易名为"玉皇宫街"，玉皇宫南侧山门外的东西向短街被命名为"玉皇宫前街"。1929年，市政当局为去除地名中的迷信元素，取"玉皇"谐音"裕宏"，将玉皇宫街易名为"裕宏街"，将玉皇宫前街易名为"裕宏前街"。

玉皇宫兴建于何时无从可考，据明崇祯《历城县志》记载："玉皇宫，五龙潭西，蔡公懋德移门南向。"主殿内祀玉皇大帝。道教道称玉皇居住在昊天金阙弥罗天宫，总管天上、地下、空间三界，四方、四维、上下十方，胎、卵、湿、化四生，天、人、魔、地狱、畜生、饿鬼六道，为天界至尊之神。玉皇大帝在民间影响极大，传说每年的腊月廿五，玉皇要降临下界，亲自巡视察看各方情况，依据众生道俗的善恶良莠来赏善罚恶。这一天，民众就在玉皇宫西侧的石巷子设香案摆供品接玉皇。每年正月初九，则是玉皇圣诞，传言玉皇在这日下午回鸾返回天宫。这一天，玉皇宫内的道士举行隆重的庆贺科仪，民众则聚集在玉皇宫庆贺，称"玉皇会"，玉皇宫外的玉皇宫街上挤满了销售香烛火纸的摊贩。

1986年修建五龙潭公园时，濂泉南、关帝庙旧址西北处有一处无名泉。旧时的关帝庙正对裕宏街，故借用"裕宏"二字将其命名为"裕宏泉"。修建泉池时，也参照了旧时裕宏街、裕宏前街"L"形的地理布局，将泉池修建为少见的曲尺形。

聪耳泉

聪耳泉位于五龙潭西北,裕宏泉南。泉水渗流,常年有水。泉池为石砌不规则形,平面呈人耳状,深1.2米。泉水从池底涌出,向北汇入濂泉,流入西护城河。

聪耳泉原是一无名泉,修建五龙潭公园时,该处泉池为自然石砌成,呈不规则形,恰似人耳状,俗称为"耳朵泉"。1994年,市建委组织泉水调查时,借其意取名为"聪耳泉"。聪耳,即听觉灵敏的耳朵。

聪耳泉 陈希军摄

聪耳泉　左庆摄

"清泉石上流"景观　资料片

　　2005 年，五龙潭景区对濂泉景区进行改造扩建，将濂泉、裕宏泉和聪耳泉连成一整体水系，聪耳泉、裕宏泉之水溢出泉池，浸入由青石铺设的地面，缓缓向北流入濂泉，形成了"清泉石上流"的景观，成为深受游客喜欢的戏水赏泉场所。盛夏之时，这里是五龙潭景区亲泉纳凉最火爆的打卡地。自 2013 年开始，每年都会在这里举办泼水节活动，游客可以更亲密地接触泉水。

睛明泉

　　睛明泉位于五龙潭西北，官家池北侧，聪耳泉东侧。泉水渗流，常年有水。泉池为石砌长方形，长 4.1 米，宽 4 米，深 1.38 米。泉池与生产渠相接，泉水缓缓向东流入生产渠。

　　睛明泉原是一处无名泉，1994 年市建委组织泉水调查时，在命名聪耳泉的同时，取常饮泉水可令人"耳聪目明"之意，将此泉命名为"睛明泉"，与聪耳泉相呼应。

睛明泉　左庆摄

晴明泉畔的樱花林　何延海摄

　　晴明泉西侧，是一片樱花林。从 20 世纪 90 年代，五龙潭公园开始在这里辟建樱花景观。最初以引种早樱为主，后期又不断引种晚樱，以白色、粉色两个系列的单瓣和重瓣品种为主。每年 3 月底 4 月初，泉畔樱花盛开、樱雨缤纷，水面上铺满花瓣，故自显明池至贤清泉一段水道被称为"花溪"。晴明泉东、花溪水道正中有一座"和平龙"青铜雕塑，是 1993 年日本和平龙友好会赠送给山东省的，作为两国长期友好、和平相处的象征。

井泉

井泉位于五龙潭景区武中奇书法篆刻作品展览馆展厅东侧，南邻青泉。泉水出露形态为渗流，常年不竭。泉池为圆井形，直径 0.26 米，深 1.3 米，外有井口。

井泉，顾名思义，该泉本是居民院落中的一处水井。1986 年修建武中奇书法篆刻作品展览馆时，该井得以保留，后以"井"命名。

井泉周围有石桌、石榴古树，是武中奇书法篆刻作品展览馆的一部分。该馆位于名仕阁西偏北，有东、西、中三厅，由游廊连为一体，展览馆西、南两侧建有碑廊，形成完整四合院。展览馆自 1985 年 5 月 11 日开馆，

井泉　左庆摄

井泉所在的庭院　左庆摄

陈列有武中奇捐献的书法作品数百件。武中奇书法篆刻作品展览馆馆名的题写者为曾任中共山东省委书记的黎玉。

武中奇（1907—2006），山东省长清区人，历任江苏省人大常委、中国书法家协会理事、顾问，江苏省文联顾问，江苏省书法家协会主席、顾问，江苏省国画院副院长，南京市文物管理委员会主任。

武中奇出生于贫苦农民家庭，少年时代跟随父母到济南谋生。七岁那年，武中奇偶尔从父亲那里得到一本《九成宫醴泉铭》，从此培养了他对书法的兴趣。家中贫穷，他就用青砖磨砚，用青麻扎笔，蘸着清水，在砖上临写。后因家计去济南做印刷厂童工，疲惫之余，仍坚持临摹《郑文公碑》《泰山经石山谷》等拓本，并兼攻金石。由于其长期不断忘我钻研，勤奋实践，金石书法颇有成就。20世纪30年代初，武中奇经人举荐担任武训学校书法金石教员，书艺亦渐入佳境。抗日战争及解放战争中，他多次为革命烈士纪念碑书丹。上海解放时，应刘长胜同志之请为上海总工会大楼书写了"上海总工会"和"全世界无产者联合起来"等巨字，受陈毅市长之命书写"上海市人民政府"的牌子。

　　武中奇的书法、真、草、隶、篆均有深厚功力，尤以真、草见长。特别是他的草书，动静相依、错落有致、抑扬应节、气势开豁，是以碑融草的大胆尝试者和成功者，开宗立派，独树一帜，世称"武体"。1982年，武中奇书法展在京举办，时任国防部长的张爱萍看过后，挥笔写道："龙虎飞腾，当为我师。"画家李苦禅欣然写下"神妙"两个大字。书法家刘炳森也赞道："银钩铁画，玉振金声。"1985年，美术家、美术教育家刘海粟在《武中奇书法集》的前言中写道："中奇同志的书法在汲取唐碑风骨、魏晋神韵，博涉诸家的基础上，形成了气势浑厚、挺拔苍劲的独有的艺术风格。这种风格是气势美、力量美与风骨美、神韵美有机结合的整体，充分给人们以乐观进取的精神，勇往直前的力量。"

武中奇书法篆刻作品展览馆　耿仝摄

1984年，武中奇将自己的300件作品无偿捐献给了济南市人民政府，济南市人民政府特此出资在五龙潭西岸修建了专题展览馆进行陈列展览。1994年，在武中奇书法篆刻作品展览馆建馆十周年之际，武中奇再次向济南市捐赠作品168件。这些捐赠的作品，常年在武中奇书法篆刻作品展览馆中展示。

青泉

　　青泉位于五龙潭西侧。水自池中泉眼涌出，常年不竭。泉池为石砌方形，1965年建，深1.24米。泉池北壁刻有"青泉"二字，为书法家陈左黄于1987年题写。泉池四隅，翠柳依依，池内清澈见底，水草摇曳，游鱼戏逐，由暗道汇入五龙潭，最终流入生产渠。

　　青泉原为一无名泉，20世纪80年代修建五龙潭公园时，定名为"青泉"。该泉东侧不远处即五龙潭，金元之际，五龙潭西侧，也即今青泉

青泉　陈明超摄

附近，曾建有龙祥观，祀五帝龙王。五帝龙王又称五方龙神，为道教神祇，源于古代龙神崇拜和海神信仰。据道教《太上洞渊神咒经》称，五方龙神分别为东方青帝青龙王、南方赤帝赤龙王、西方白帝白龙王、北方黑帝黑龙王、中央黄帝黄龙王。修建五龙潭公园时，便将景区内的部分无名泉分别冠以青、赤、金等名。这处泉水水涌量较大，有生机勃勃的意向。根据阴阳五行学说，东方为木，属青色，青龙寓意着东方的力量。同时，青龙作为春季的象征，也寓意着万物复苏、生机勃发。因此，当年便将这处无名泉定名为"青泉"，彰显着蓬勃的生命力。

青泉西侧有一方石碑，上有武中奇书"古历亭旧址"五个大字。碑阴为武中奇书唐代杜甫《陪李北海宴历下亭》诗："东藩驻皂盖，北渚凌青荷。海右此亭古，济南名士多。云山已发兴，玉佩仍当歌。修竹不受暑，交流空涌波。蕴真惬所遇，落日将如何。贵贱俱物役，从公难重过。"

"古历亭旧址"碑

"古历亭"即古之历下亭。历下亭因城而得名，城位于历山之下，故名"历下亭"。今历下亭位于大明湖历下亭岛，是清代异地复建的。而最初的历下亭始建于何时、最初位于何地，并没有明确记载，故将已经湮没于历史的那座历下亭称为"古历亭"。

唐天宝四年（745），著名诗人杜甫到临邑看望其胞弟杜颖，途经齐州（济南）。适逢北海太守李邕至此看望从孙李之芳，于是在历下亭宴请杜甫及数名齐州本地处士。杜甫赋《陪李北海宴历下亭》诗一首。在这首酬

118

答诗中，杜甫夸赞了李邕的威仪，称颂宴会客人皆济南名士，描绘了历下亭令人惬意的环境及宴饮的畅快淋漓，感慨自己人生的机遇和人事的苍茫，流露出盛会难再的感伤，表达了与主人心心相印、情深意笃的心境。诗中名句"海右此亭古，济南名士多"更成为千百年来歌咏济南人杰地灵的绝唱。"海右"，泛指黄河、东海以西地区，多指代山东。古时方位以西为右，因为济南在大海西岸，故称。"亭古"，犹言亭之古老，此处专指历下亭。杜甫来济南时，历下亭已存在数百年，故杜甫称之为"古"。因当时在场的还有齐州司马李之芳及李邕、邑人蹇处士等士绅，因此杜甫称赞"名士多"。杜甫的这首诗，是古历下亭见诸文字的最早记载。杜甫后来在诗文中又提到过历下亭，《八哀诗》中有"伊昔临淄亭"的诗句，即指此亭。

唐朝末年，古历下亭渐废。北宋曾巩在齐州任职时，重建历下亭于大明湖南岸州衙宅后地势较高之处。金代末期，历下亭又成荒墟。元代，在大明湖南岸再次兴建。此时的历下亭居高临下，湖光山色尽收眼底。此后，随着贡院的兴建，历下亭被拆除。历下亭几经兴废，其位置数次变迁，至明末时已莫辨其地。清康熙三十二年（1693），山东盐运使李兴祖和山东按察使喻成龙在大明湖购买湖田重建历下亭，亭址移到湖中，也就是今天的历下亭。

之所以在青泉暨五龙潭西侧立这一块"古历亭旧址"碑，是因为近世有关于古历下亭位于五龙潭西的说法。称古历下亭在五龙潭西的主要依据，是《水经注》卷八里面的一段话："池上有客亭，左右楸桐负日，俯仰目对鱼鸟，水木明瑟，可谓濠梁之性，物我无违。"历下自建城始，西门就一直是交通要道，"客亭"位于城郭外的官路附近，当是迎来送往的官亭。元代《齐乘》对古北渚亭的位置有一个推测："详《水经注》，则大明湖亦源于泺，城西五龙潭侧古有北渚亭，岂池亭遗迹耶？"清乾隆《历城县志》否认了《齐乘》所提出的古北渚亭在城西的推测，提出了一个新的推测，即《水经注》中所说的"客亭"就是"古历下亭"："历下亭不知建于何时，杜诗曰'海右此亭古'，则不始于唐矣，疑即《水经注》所谓池上客亭也。"从郦道元记载客亭到唐代杜甫登临历下亭有二百多年，称得上"此亭古"，所以当代学者多将这种推测视为定论，称古历下亭在五龙潭西。

无论古历下亭是否在这里，都不妨碍人们对历下亭的追忆和敬仰。从一千多年前杜甫登临历下亭的那一刻起，历下亭已由观看风景的园亭变成了一个意蕴丰富的文化符号，对济南文化产生了深远的影响。

青泉南侧和西侧，是武中奇书法篆刻作品展览馆的碑廊和碑厅。碑廊嵌碑刻35方，内容为武中奇书写的李白、杜甫、曾巩、苏轼、李清照、辛弃疾、元好问、李攀龙、孔尚任等历代名家的诗词文章，如田雯《历

《济南志略》碑

下亭诗》、李攀龙《五日和许傅湖亭宴集》、辛弃疾《破阵子》、苏轼《至
济南李公择以诗相迎次其韵》，以及李清照的《菩萨蛮》《点绛唇》《一
剪梅》《如梦令》《醉花阴》等。其字气势浑厚，苍劲挺拔。此外，碑
廊中还有启功、张爱萍的题词。西廊北端建会友亭，其名典出自《论语》
"以文会友"之句。

碑廊中体量最大的一块石碑，是武中奇1987年撰文并书写、1988
年刻石的《济南志略》碑。其文曰：

> 济南为山东省会，现辖五区三县，地广五千七百余平方公里，
> 人众三百九十万，乃全省政治经济文化中心，黄河下游最大都市。
> 泰山屏卫于南，黄河偎依于北，西承太行东，走大海。南北两京于
> 此中分，津浦、胶济铁路于此交汇，自古为冲要之地。此处气候温润，
> 物产丰饶，清泉遍地，素有泉城之雅誉。济南历史悠久，相传舜耕
> 历山，禹登龙洞，城子崖之新石器时期文化遗存，其轮制黑陶薄如
> 蛋壳，乌亮照人，为龙山文化之典范。殷商遗址留有丰富青铜器皿，
> 造型精美。周代之谭国即在济南。泺、鞍、历下皆为济南之古邑。
> 汉初设济南郡，因其位于济水之南而得名，距今已两千一百余年。
> 其时，农桑铁业发达，丝绸织品称誉于世。椎成名剑驰声天下，朝
> 廷特设铁官工官于此。西晋永嘉间，郡治由平陵迁至历城，自此，
> 沿为郡州路府及省会及商标留，见当时商业之盛。《马可·波罗游记》
> 对此有详尽描写，并称赞泉城园林之美堪悦心目。迄及清代，济南
> 已成为颇具规模之工商城市。泺口港岸帆樯如林，章丘铁器远销各地。
> 清末，济南自辟商埠，纺织、电力、面粉、造纸等数十种工业相继
> 兴办。其后，内忧外患，战乱叠起，经济萎顿，民生凋敝，古城一
> 片萧条。一九四八年九月二十四日，中国共产党领导人民军队解放

了济南，历下湖山从此旧貌换新颜。

古城济南才俊辈出。西周时，谭国大夫所作之《大东》诗，忧时感事，成为《诗经》名篇；战国时之卢地即今济南之属县长清，名医扁鹊堪为我国古医之著名代表；汉初伏生口授《尚书》为今文经学大师；终军以弱冠之年内议朝政，外说南越，名彪史册；隋末，杜伏威、孟让反抗暴政，为著名义军领袖唐之段成式以小说名家；宋之李清照、辛弃疾并称济南"二安"，为词坛冠冕；金元之杜仁杰、张养浩、刘敏中、武汉臣、康进之、明之于慎行、李开先、边贡、李攀龙、王象春，清之周永年、马国翰、王士祯、蒲松龄等，于诗文、戏曲、小说方面各领风骚，名篇佳作流誉千秋；近代百年，自义和团、辛亥革命至"五四运动"，济南人民除恶抗暴或率先奋起或影从响应。一九二一年，济南共产主义小组成立，王尽美、邓恩铭登程上海，出席中国共产党第一次全国代表大会。王尽美呕心沥血、鞠躬尽瘁，邓恩铭、刘谦初、吴丽实等血沃济南大地，黎玉等受命于危难之际，坚持敌后武装斗争。八年抗战、三年解放战争，直至今日之四化建设，涌现出无数时代英雄。

泉城济南凿地皆可得泉，泉水清冽，名泉七十二蔚为天下奇观。市区有趵突、五龙、黑虎、珍珠四大泉系，章丘有百脉泉群。趵突泉居名泉之首，三穴争出，雪飞云涌，恍似蓬山三岛。珍珠泉随处喷吐，错落成串，状如神蚌吐珠。五龙潭五泉汇注，宛若游龙。黑虎泉月夜清啸声似乳虎。金线泉一缕中分金光闪忽。琵琶泉形似琵琶，声若和弦，颇有珠落玉盘之清韵。泉城内外湖山秀美，山色湖光清晖相映。大明湖、白云湖犹如一对明眸映出千佛山之青翠秀拔，龙洞山之葱郁幽邃，玉函山之雄伟险峻，长白山之诡奇多姿。

山水胜境蕴存众多文物古迹，其中列为全国重点保护文物四处，

青泉南侧的碑廊

省级十三处，市级三十四处。柳埠四门塔为国内现存最早之佛塔，长清灵岩寺罗汉造像世称海内第一名塑，他如九顶塔、龙虎塔、平陵古城遗址等无不名驰中外，为人钦仰。今日济南喜逢盛世，生机勃勃，百业俱兴。新建之环城公园十里翠带，一步一景，巧缀新观旧景，兼容今古文明。济南惨案纪念碑铭刻下民族昔日之不幸，巍峨高全之解放阁召唤济南儿女发扬光荣传统，为社会主义现代化建设再建新功。

赞曰：

　　舜耕禹迹几沧桑，信史龙山岁月长。

　　带河厉岳英雄地，襟鲁因齐礼义邦。

　　泉城美誉流天下，名士高风播八荒。

　　喜看四化开新局，谱写文明又一章。

东蜜脂泉

　　东蜜脂泉位于五龙潭景区余乐园南侧院落内，与西侧不远处关帝庙内的西蜜脂泉相对。泉水由池底以泡状冒出，长流不息。泉池最初由块石三面堆叠，建设五龙潭公园时改泉池为石砌长方形，今泉池长 8 米，宽 5 米，深 0.94 米。泉池临墙有石刻泉名，为著名书法家武中奇题写。泉水顺小溪北去，穿过小桥，注入五龙潭。

东蜜脂泉　左庆摄

东蜜脂泉与西蜜脂泉均称"蜜脂"，东西分布。东蜜脂泉是济南七十二名泉之一，金代《名泉碑》、明代《七十二泉诗》均有收录。《齐乘》卷二"泺水"条中记载道：趵突泉"旁合马跑、金线诸泉，周可数亩；北出又合蜜脂、五龙众泉，并城北流"。泺水在趵突泉汇合了马跑泉、金线泉等泉水向北流，又汇合了东、西蜜脂泉及五龙潭等众泉水一起向北流。明代晏璧有诗云："清泉流出碧涟漪，脉贯东西号蜜脂。说着到头辛苦处，谁知滋味美如饴。"

东蜜脂泉一侧为武中奇故居，武中奇晚年曾在这里生活了11年。故居占地面积416平方米，建筑面积275平方米，主体建筑是一座二层小楼，院内清泉、翠竹、怪石相间分布，古朴典雅。

武中奇不仅是一位享有国际声誉的著名书法家，还是一名英勇的革命战士。1936年下半年至1937年10月，中共山东省委就曾设在济南南关曹家巷11号武中奇家。1936年，由中共山东省委书记黎玉介绍，武中奇加入中国共产党。在武中奇一家人的掩护下，山东省委机关两年里没有被破坏，当时的宣传部部长林浩说过：尽管在外面提心吊胆，但只要一进了武家，就有了一种安全感，"就像进了自己家一样"。1937年，武中奇参加徂徕山抗日武装起义，历任八路军山东纵队四支队排长、中队长、营长、特务大队长，以及九支队团长。1943年6月，中共山东分局决定重建中共济南工委并建立济南市抗日民主政府办事处，武中奇被派遣担任济南工委委员、济南市抗日民主政府办事处主任，次年兼任历城县抗日民主政府首任县长。1945年8月，济南市抗日民主政府办事处撤销，成立济南市民主政府，武中奇任市政府秘书长。同年11月，被调至联合国救济署山东解放区救济分会，负责该分会的日常工作。解放战争时期随军南下，先后任南下纵队参谋长、上海监狱典狱长、南京文物管理委员会主任、江苏省人大常委等职。

武中奇故居入口　耿全摄

　　1993 年至 2004 年，武中奇曾在东蜜脂泉畔的这处院落生活居住。
1995 年 9 月，这里还曾被济南市人民政府定为武中奇读书社，对济南书
法艺术的繁荣和发展发挥了积极推动作用。

　　武中奇故居于 2013 年 10 月 10 日正式对外开放。故居入口悬有"武
中奇故居"匾额，为其门下马子恺书写。故居小楼前悬挂有启功书写的
楹联："力挽千钧，体兼众派；金石巍峨，丹青璀璨。"故居北侧入口
处也有一楹联："此中松柏真老健，传奇丹心是精神。"此联为马子恺

武中奇故居 耿仝摄

2013年创作，赞扬了武中奇晚年身体康健，以及他一生丹心为国的奉献
精神。联文中分别嵌入"中""奇"二字，暗藏武中奇的名字。

　　故居内的布置依据武中奇生活用品的原状摆放。一楼有过厅、客厅、
餐厅、厨房、卫生间和展室。客厅中有老式沙发、书柜、电视机，及占
地较大的书案。二楼有卧室，创作、会见亲友的工作室，以及展示武中
奇书法作品的展室。二楼南侧是一小阳台，武中奇生前对这个阳台情有
独钟，常在这里晒晒太阳，看看院中的泉水和街上的行人。

天镜泉

天镜泉位于五龙潭公园内西南隅，五龙潭南。泉水渗流，串串水泡由池底沙际冒出，于水面破裂，形成漂亮的波纹。池呈长方形，长14米，宽10米，深1.41米。池内青藻浮动，鱼如穿梭，上下荡游，好像在琉璃池中。泉水从泉池东北角溢出，经潭西泉，流入五龙潭。

天镜泉原名"江家池"，因元代有江氏世居泉上而得名。后来虽然几经易主，人们根据习惯，仍然叫它"江家池"。明万历年间，山东按察司副使张鹤鸣见该泉清澈见底，日月星云倒映水内如天垂镜，故起名"天镜泉"。清代郝植恭《七十二泉记》中解读道："天倒影而如镜也，曰天镜。"泉池西侧原有一石碣，上书"一鉴长清"四字，后不知所踪。

关于江氏，明代李攀龙为江濬所作墓志铭中提道："有讳湖者，自枣强徙济南西门外负郭巷，方水而居焉，至今称江氏之池云。"江濬（1487—1564），字子泉，济南历城人。正德十四年（1519）举人，历任真定县知县、监察御史、太原府知府、陕西按察副使。嘉靖二十八年（1549）致仕回到济南。江濬祖籍河北枣强县，其六世祖江湖自河北枣强迁于济南，在西门外临水而居，人们就将江家院中的这处泉水称为"江家池"。

天镜泉"方广一亩，可鉴须眉"，风景绝殊。明代刘敕在《历乘》一书中称天镜泉"清澈可爱"，又作《天镜泉》诗道："何年开此沼？浮岸水盈盈。地涌千珠乱，天垂一镜明。静观诗思冷，闲对酒脾清。为

语红尘客，临流好濯缨。"明末清初诗人李良年曾在泉畔的酒家与人对
饮，并作《江家池对酒》诗，诗曰："江家池水碧于蓝，指点银瓶客驻骖。
花影拂帘杯在手，济南春色似江南。"

过去，天镜泉是济南名气最大的放生池，池内的鱼大都是被人放生的，
数以百计。"俯栏视之，游鱼上下，若在玻璃瓶中；且星辰倒影，若天
垂镜也。"1956年扩建趵突泉公园时，将江家池的大鲤鱼迁去了趵突泉
公园，放养在老金线泉泉池中，后又迁到漱玉泉南面的泉池里。

天镜泉位于过去的江家池街，街因江家池而得名。至少在清代初年，
江家池附近就是出售饮食小吃的地方。成书于清康熙年间的《醒世姻缘传》
第三十七回"连春元论文择婿　孙兰姬爱俊招郎"中提到，小说主人公
狄希陈同几位考生从趵突泉游玩出来，"同到江家池上吃了凉粉、烧饼"。
回到住处，先生程乐宇见了他们，就问去哪里游玩了。当听到"凉粉、

烧饼"时，程乐宇就一个劲地咽唾沫。

清光绪年间，天镜泉畔原有两家比邻而设的饭店，一家叫锦盛楼，一家叫德盛楼。清光绪十二年(1886)，历城张公坟庄人张钦投资铜钱百吊，在池东畔租赁古城陈家房屋，创办锦盛楼饭庄。锦盛楼的绝活有活鱼三吃、糖醋鲤鱼、锅塌蒲菜、糟煎鱼片、拔丝莲子等。清光绪二十一年（1895），历城遥墙人刘佩河、济南南营杜新山和长清一位叶姓人士共同出资百吊，租赁天镜泉北畔的原秦琼府拴马亭房屋，创办了德盛楼饭庄。德盛楼高薪聘请了当时的名厨王志田，擅长爆、炒、烧、炸、溜、蒸等多种技法，拿手菜是糖醋黄河鲤鱼与烧面筋。锦盛楼与德盛楼依池而立，都利用天镜泉的泉水养鱼（用网箱与放生鱼隔开），竞争一直很激烈。1927年，锦盛楼老板张钦有意歇业，经人说和，并入德盛楼。两家饭店合并后，用木板桥联结起来，并增建了池北畔的二楼饭厅，营业面积较前扩大了将近一倍。1937年济南沦陷前夕，德盛楼主人将店面卖给了店员刘兴纲、张友笙、陈汉卿、于荫庭等人，更名为"汇泉楼"。1941年，刘兴纲又增盖池北畔二层楼，楼南临池墙壁上书有济南书法家张培志先生所书"汇泉楼饭庄"5个正楷大红字。顾客登上楼来，俯视池中游鱼，临流饮宴，品尝酒菜，妙趣横生，心旷神怡。

现代诗人臧克家20世纪20年代在济南省立第一师范学校和国立山东大学读书，他在《吃的方面二三事》一文中曾提到过用天镜泉黄河鲤鱼为原料制作的菜肴："济南有个大馆子，里面有个大水池，当中养着一条条鲤鱼，记得叫'江家池'。来这馆子吃饭的人，主要是为了吃这池中鱼。这种鲤鱼有四只眼，很有名，叫作河鲤，产于黄河。点菜之后，厨师亲自将活蹦乱跳的刚出水的鱼，拿到顾客前打个照面，一会儿，摆到桌子上来的是一大碗，仿佛还加上了萝卜丝。味道极其鲜美，肉嫩，汤也好。"天镜泉内养鲤鱼，既可观赏，又可尝鲜，故而生意十分兴隆。

1955年的江家池子（天镜泉）　济南市城建档案馆馆藏片

新中国成立后，汇泉楼饭庄改称"汇泉饭店"，由天镜泉畔迁至西护城河东侧、西门桥北的繁华地带。

江家池街上，过去有一处非常有名的酱园，名为"北厚记"。北厚记酱园创于光绪元年（1875），最初始字号名为"厚记酱园"，原址在南门外的正觉寺街。更换资东后，为了扩大经营，将营业部搬迁至估衣市街路北，将加工作坊搬迁至江家池街。为与原厚记酱园相区分，故易名为"北厚记酱园"。

北厚记酱园是传统的前店后坊模式。铺面为两层三开间，底层是门市，二层为账房。店内那一米多高的柜台上，摆放着一长溜白底青花瓷罐，内盛品类繁多、花样俱全的酱菜。酱园开有南门和西门，南门面向估衣市街，西门隔江家池街与醴泉居酱园相对。醴泉居的创办时间虽早于北厚记，但其规模却稍逊于北厚记。北厚记酱园的作坊很大，院内有三百多间房屋，两千多缸制货，每缸能盛500斤酱菜。

北厚记的特色酱菜是什锦菜，就是将黄瓜、蒜薹、蒜瓣、芥菜、辣椒等腌制在一起，销量最大。北厚记还有三大招牌产品：磨茄、八宝包瓜、水晶甘露。磨茄是选用个头适度的圆茄子，放在水中用新砖磨去茄子皮，然后再进行酱制。旧时济南人吃炸酱面时，炸酱中常加入北厚记的磨茄，吃起来香味浓，口感好。八宝包瓜是将甜瓜的内瓤掏空，里面装上花生仁、杏仁、芝麻、核桃、葡萄干等馅料，再将顶盖用棉白线缝好后，埋入面酱缸进行腌制，颇有地方特色。水晶甘露就是盐渍甘露，甘露也被称为螺丝菜、草石蚕、甘芦、地环，其味鲜爽，口感脆嫩。

北厚记销售精致酱菜时，用荷叶包好，再放入刷过桐油的柳条篓，贴上大红纸签，用纸绳打个双环莲花扣，成为送给亲朋好友的礼品。诗人臧克家在济南读书求学期间对"北厚记"的酱菜情有独钟。晚年的他久居京华，但口味难舍当年的喜好，每有家人来济南，都要特意嘱咐他们捎带北厚记酱菜。1954年，北厚记公私合营，后又成为济南市蔬菜公司下属的国有企业。1987年，搬迁到板桥路。

西蜜脂泉

　　西蜜脂泉位于五龙潭景区南门西南侧，关帝庙院内。泉水出露形态为渗流，常年不竭。池呈长方形，东西长 5.16 米，南北宽 2.07 米，中架石桥，分隔为两个对称的方池，池水相通，池周饰雕石栏杆。泉水东流，经暗渠辗转汇入五龙潭。

　　西蜜脂泉因水质甘美如蜜而得名"蜜脂"，又因其东还有一处蜜脂泉，故冠以方位，命名为"西蜜脂泉"。西蜜脂泉是济南七十二名泉之一，

西蜜脂泉　左庆摄

金代《名泉碑》、明代《七十二泉诗》、清代《七十二泉记》中均有收录。关于该泉的位置，元代《齐乘》称其在东蜜脂泉西。明末《历乘》明确记载东蜜脂泉在"西门外道北"，西蜜脂泉在"东蜜脂泉西"。清乾隆《历城县志》亦载"西蜜脂泉，在五龙潭坊西，流入五龙潭""东蜜脂泉，在天镜泉东"，均与今西蜜脂泉址相合。明代晏璧有《西蜜脂泉》诗，诗曰："西池泉味比东强，何必天寒割蜜房。莫道脂甘能悦口，试将一饮胜天浆。"

西蜜脂泉所在的关帝庙，清代又名"集云会馆"，是过去济南估衣行会所在地。估衣是收卖旧衣的行业，"估"是指可以对这些衣物进行估价，在古代社会是一个非常重要的行业。《老残游记》第八回中曾提到过估衣铺："老残接过信来一看，原来是申东造回寓，店家将狐裘送上，东造甚为难过，继思狐裘所以不肯受，必因与行色不符，因在估衣铺内选了一身羊皮袍子马褂，专差送来，并写明如再不收，便是绝人太甚了。"关帝庙前的共青团路，最初名为藕市街，其东为估衣市街，这一带是清代中后期估衣铺最为集中的地方，也是济南最繁华的商业区域之一。

估衣行会馆修建于嘉庆十八年（1813），由济南估衣业同人集资修建。道光年间扩建时，定名为"集云会馆"，取"千祥云集"之意。集云会馆的大殿供奉着关公，名为"蜜脂殿"，殿前就是西蜜脂泉。每到年节，集云会馆内热闹非凡，估衣同行都会在这里聚餐、祭拜。

同治八年（1869），在这座商业味很浓的集云会馆内，还曾秘密关押过慈禧太后身边的大红人、总管大太监安德海，山东巡抚丁宝桢亲自审问，并押至50米外的丁字街口砍了头。

安德海，祖籍直隶青县（今属河北沧州），十岁入宫，充内廷太监。由于他善于察言观色，办事机敏，迅速成为慈禧太后身边的大红人，备受宠信。安德海恃宠而骄，却为他引来杀身大祸。同治八年（1869），久在宫闱的安德海想出宫游玩并借机敛财，再三请求慈禧太后派他到江南置办龙袍、预备同治帝大婚典礼所用之物，获得慈禧太后许可。然而，《钦定宫中现行则例》中规定：太监级不过四品，非奉差遣，不许擅自出皇城，违者杀无赦。安德海当时只是六品蓝翎太监，在未知会任何官方衙门的情况下擅出宫禁。安德海违制妄用龙凤旗帜，并携带徽班旦角"九岁红"马赛花，一路招摇。途经山东德州境内时，德州知州赵新发现，这样一只钦差船队过境竟然未接到明降谕旨及部文传知，仆役下船购买物品也未出示传牌勘合，有冒充钦差之嫌，立即将此事上报给了山东巡抚丁宝桢。丁宝桢接报后一面立拟密折，痛陈安德海种种"震骇地方"的不法行径，一面着泰安县知县何毓福逮捕安德海及一干人等。

安德海于当年8月2日在泰安被抓获，与其随从陈玉祥等三人随即被先行押往济南，由丁宝桢亲自审讯。安德海押送到济南后，为了保密起见，就被关押在集云会馆内。8月6日，丁宝桢接到由军机处寄发的密谕，内称："该太监擅离远出，并有种种不法情事，若不从严惩办，何以肃宫禁而儆效尤。着丁宝桢迅速派委干员于所属地方将六品蓝翎安姓太监严密查拿，令随从人等指证确实，毋庸审讯即行就地正法，不准任其狡饰。如该太监闻风折回直境，即著曾国藩饬属一体严拿正法。倘有疏纵，唯该督抚是问，其随从人等有迹近匪类者，并著严拿分别惩办，毋庸再行请旨。"8月7日，丁宝桢亲自查验确实后，将安德海就地正法，并暴尸三日。安德海被杀时不过二十三岁。

关帝庙是供奉东汉末年名将关羽的祠庙。民间尊关羽为"关公"，历代朝廷多有褒封，这种推崇在清朝达到了巅峰。估衣会馆的关帝庙最初规模很大，有瓦房18间，历史上曾多次修缮，2004年又对其进行重修。修复后的关帝庙，大门朝南，正对共青团路。门楼采用民间收集的老材料，门上配铜钉并加以铜皮包裹。门外两侧各立一尊雕有"马耳朵""马尾巴"的石狮，以此纪念关公坐骑赤兔马。相传当年关公被杀后，赤兔马被献

西蜜脂泉　左庆摄

于孙权，数日不食草料而死。后人钦佩赤兔马的忠烈，于是给关帝庙门前的石狮加上了马耳、马尾。

关帝庙山门前悬有楹联："三教尽皈依，正直聪明，心似日悬天上；九州隆享祀，英灵昭格，神如水在地中。"此联为关帝庙的通用联。上联中的"三教尽皈依"，谓儒、释、道都非常崇敬关公。就儒家而论，各朝均以关羽为忠义的化身，并入祀典，成为国家祭祀的神。就佛家而言，关羽在佛家称为"伽蓝菩萨"，成为护持佛法的守护神。以道家而论，关羽被称为"忠义神武关圣大帝"，掌天地经纬，行天之道，布天之德，造化万物，济度群生。下联中的"九州隆享祀"，谓中国大地关帝庙之多。民间俗语"县县有文庙，村村有武庙"，武庙就是关帝庙，其数量要远远大于文庙，足可见民间对关公的祭祀有多普遍。

关帝庙院内正中是西蜜脂泉，泉北即大殿。大殿为北厅三楹，门上方有匾额"义炳乾坤"。两侧对联："大义参天地，英风冠古今。"殿内置塑像三尊，关帝居中，两侧为关平和周仓。东西两面墙上绘有表现关公生平的壁画。原壁画绘于清代，2004 年修复庙宇时对壁画重新复制。殿两侧有东西两院：东院称"蜜脂园"，园内泉水潺潺，修竹蔽日，蔷薇攀缘；西院称"财神殿"，院门为圆形门洞，院内置有一座高近 3 米的关帝立像。关公手执青龙偃月刀，长髯飘洒，面如赤炭，怒目而视，气宇轩昂。院内四围还陈列有出土的古代碑刻 4 通、门枕石等文物。4 通碑分别是清康熙年间的"蜜脂泉醮社碑记"碑、道光年间的"重修集云会馆碑记"碑、光绪年间的"关帝庙叩募碑记"碑和"整顿集云会馆碑记"碑。

赤泉

　　赤泉位于五龙潭景区南门外西侧，关帝庙东侧，西蜜脂泉之北，醴泉之南。泉池原为碎石叠砌，长 2.2 米，宽 1.25 米，深 2.2 米。泉水由暗渠北流，汇至醴泉，后再蜿蜒流注五龙潭。

　　赤泉原是一处无名泉，原在江家池街 7 号院内。因该泉属五龙潭泉群，取五方神龙中的赤龙命名为"赤泉"。又因该泉位于醴泉之南，也被人

赤泉　左庆摄

俗称为"南醴泉"。2001 年，在五龙潭南大门扩建工程中，赤泉曾一度被施工单位用水泥板棚盖。改造后，赤泉的泉池与关帝庙东北侧水池融为一体。

赤泉附近，在江家池街 9 号院内还曾有一处金泉。金泉原是居民院中的水井，泉池为砖砌井形。1984 年化用五方神龙的黄龙，将其定名为金泉。因早已断流，该泉于 1993 年被填埋，未再恢复。

赤泉附近是关帝庙的东院北门，该园因西蜜脂泉而得名，称"蜜脂园"。园门上悬挂着楹联，联文为："树色不离门，水声长绕屋。"此联出自桂馥《潭西精舍》诗，全诗为："树色不离门，水声长绕屋。昨夜月上时，散步未能宿。"而桂馥的这两句诗，系化用唐人诗句"溪声长在耳，山色不离门"。蜜脂园内泉水潺潺，修竹蔽日，蔷薇攀缘，正合联意。

醴泉

醴泉位于五龙潭景区南门外，天镜泉西。泉水渗流而出，常年不竭。泉池为石砌不规则形，直径 4.5 米，深 1.88 米。池西壁刻有"醴泉"二字。泉水经暗溪向北流入七十三泉，而后汇入五龙潭。

"醴"的原意是指薄酒，甘甜的泉水往往被称为"醴泉"。济南旧时有多处泉都称"醴泉"，金代《名泉碑》、元代《齐乘》中的醴泉在

醴泉　左庆摄

醴泉碑刻　耿全摄

章丘与邹平交界处的长白山黉堂岭，明《七十二泉诗》、清《七十二泉记》中的醴泉位于历城仲宫康王山。今醴泉原是一处无名泉，有人在此处建醴泉居酱菜园后，这处泉水便被称为醴泉。

醴泉居始建于清顺治十七年（1660），是济南酱菜行业的老字号。醴泉居的门市是穿堂屋，两边是柜台，中间是过道，穿过门市是一个院子，院子东边墙角一处小方池即醴泉。昔日，这里是一道南北流的小河，向北流入五龙潭，后来小河用条石盖起，只留二尺余池面的池子。醴泉池内曾蓄养一条长约1米的大鲤鱼，据说寿命很长，鱼鳃上有一铁环，是鱼主人做的标记，很多人到醴泉居来不是为了买酱菜，而是为了看看这条"神鱼"。醴泉居的酱菜一直以鲤鱼作为商标。

醴泉居的酱菜选料精严，绝不以次充好。例如，制作酱油、豆酱的原料，选用胶东产的"八月白"，制作酱菜使用的芥菜选用东郊马家庄、窑头所产的疙瘩头，酱萝卜的原料产地必须是西郊段店饮马庄出产的"象牙白""露八分"。制作酱菜的水，皆是取自于这处泉水。醴泉居酱菜

20 世纪 70 年代末醴泉酱菜店俯瞰

有几十个品种，主要有糖蒜、醋蒜、冬菜、龙须菜、合锦菜、酱包瓜、酱磨茄、酱花生、大酱藕、雪里蕻、甜面酱等。醴泉居的酱菜制作精细，颇受人欢迎。

新中国成立后，醴泉居酱园改为醴泉居酱菜厂，后并入北厚记酱菜厂。公私合营后，醴泉居内部曾进行扩建，拆掉了原来的铺房。醴泉位于该厂大门内路南两墙之间，虽然水位很低，但是连同嵌在墙上的"醴泉"两个楷书大字的石碑都保存下来了，而那条"神鱼"却早已无影无踪了。2000 年，在共青团路拓宽改造工程中，醴泉被覆于新建楼下。2002 年，在原泉址西侧恢复了醴泉。

双桃泉

双桃泉是五龙潭附近的一处历史名泉，已湮没近百年。

双桃泉是济南七十二名泉之一，早在金代《名泉碑》中就有关于双桃泉的记载。元代于钦在《齐乘》一书中进一步记载了这处泉的位置："曰双桃，城西丁字街北。"关于双桃泉的位置，清代《济南府志》中的记载最为详细：泉在城西丁字街北的铺屋内，泉水经地下暗渠流经西蜜脂泉、江家池，最后流入五龙潭。到了民国时期，也就是藕市街拓宽为西关大街、柴市街拓宽为普利街之后，双桃泉就不知所踪了。1928年出版的《历城县乡土调查录》称，双桃泉"相传在丁字街铺下，今失考"，泉池位置已不为人所知。

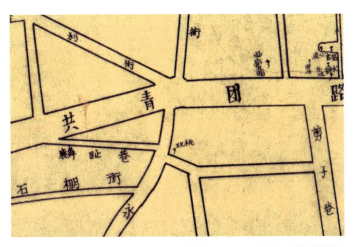

1981年《济南历下泉水分布图》上标注有双桃泉

双桃泉的得名，并无明确记载，大概是与纪念春秋时期齐国名臣晏婴有关。晏婴（？—前500），姬姓（一说子姓），晏氏，字仲，春秋时期夷维（今山东省高密市）人。晏婴是齐国上大夫晏弱之子，晏弱病死后，晏婴继任为上大夫。他历任齐灵公、庄公、景公三朝，辅政长达50余年。关于晏婴，有一则"二桃杀三士"的故事流传甚广。

话说齐景公时代，齐国有公孙接、田开疆、古冶子三名重要武士。三人自恃武功盖世，并不将朝臣放在眼中，丞相晏婴经过时，他们并不起立致敬，视若无睹。晏子向齐景公谏，说此三人对上毫无君臣之义，对下无长率之人伦，内不禁暴，外不可使敌屈服，是危国之器，不如铲除他们。景公与之看法相同，只是担心三人勇力过人，恐有闪失。晏子遂生一计，请景公使人奉上两个桃子，让三名武士"计功而食桃"，功高者得食。公孙接首先起身拿一桃，接着田开疆也报功取一桃，古冶子虽然没能拿到桃子，却说了一段话，让公孙、田二人羞愧难当，拔剑自刎。古冶子意识到二子已亡，自己独生则不仁不义，接着也自杀身亡。景公最终以士礼厚葬三士。先秦文献中，二桃杀三士的故事只见于《晏子春秋》，应是齐地的民间传说。晏婴善用计谋，又善劝谏，他不强谏，而是委婉地曲谏或诱谏，显示了他在政治生活中所具有的高度智慧。

明初庐陵人晏璧，曾于永乐二年（1404）来济南任山东提刑按察司佥事。晏璧在济南居官期间，"休沐之暇，与大夫君子升高眺远，凝眸而挹山色，洗耳以听泉流"，得以遍览济南的湖泉山色。他曾到过双桃泉，并留下了一首《双桃泉》诗，诗曰："前度刘郎不再来，泉头几见碧桃开。昨宵忽梦三偷客，满泛瑶池阿母杯。"在双桃泉畔，晏璧联想到却是刘伶和东方朔的典故。

魏晋时期的刘伶是竹林七贤之一，以善于品酒闻名于世。他身高不过六尺，容貌很丑陋，却放纵情志，常以身处宇宙调和万物为意。魏齐王正始年间,刘伶已成为当时名重一时的名士,并且常与嵇康、阮籍、阮咸携手于山阳竹林之下,饮酒赋诗,弹琴作歌。晏璧记录了双桃泉畔的景色,从"泉头几见碧桃开"一句可知明代泉畔曾有一株老桃树。诗中的"前度刘郎不再来"等语,可知当时泉畔风景清幽秀美,可作竹林之游。

西汉时期的东方朔与晏婴一样善用语言艺术,他博学广识,能言善辩,善于以诙谐的语言和方式,陈说国政大事,深得汉武帝赏识,其事迹在《史记》《汉书》中均有记载。一日,正是汉武帝寿辰,宫殿前一只黑鸟从天而降,武帝不知其名。东方朔回答说:"此为西王母的坐骑'青鸾',王母即将前来为帝祝寿。"顷刻间,西王母携7枚仙桃飘然而至。西王母除自留两枚仙桃外,余5枚献与武帝。汉武帝品尝仙桃后欲留核种植,西王母说:"此桃三千年一生实,中原地薄,种之不生。"又指着东方朔道:"他曾三次偷吃我的仙桃,每次我想惩罚他的时候,他都能用花言巧语蒙混过关。"后世,常用东方朔偷桃代表仙途。晏璧游览双桃泉畔后,当晚就梦见了东方朔,正端着王母瑶池宴上的美酒畅饮。

晏璧诗所用的这两个典故,是旧时诗文中常见的,并无新意。但与泉结合到一起,则可以推测,明代双桃泉畔很可能有一处酒铺或酒坊。晏璧是看到了桃树、酒铺,才展开了这一番联想:双桃泉畔多年不见刘伶醉卧酒,却梦见了东方朔抱着酒畅饮。

济南城西自古就是体悟归隐之乐的地方,文人雅士经常在这里追凉雅聚。唐代诗人卢象曾写诗描述城西的美景,诗中也提到了"七贤"与"三士桃"。其诗曰:"谢朓出华省,王祥贻佩刀。前贤真可慕,衰病意空劳。贞悔不自卜,游随共尔曹。未能齐得丧,时复诵离骚。闲阴七贤地,醉餐三士桃。苍苔虞舜井,乔木古城壕。渔父偏相狎,尧年不可逃。蝉鸣秋雨霁,云白晓山高。咫尺传双鲤,吹嘘借一毛。故人皆得路,谁肯念同袍。"这既是五龙潭泉群一带风景的真实写照,更是一种心灵上的

民国时期，城顶街头打水照片，图中井口疑为双桃泉

关照。在这里，人们只愿做林下畅饮的"七贤"，纵情饮酒，大口吃桃，谁还去想那宦海沉浮？

　　民国时期，双桃泉的泉池虽已被遮盖，但附近仍有一段暗渠，内有泉水流向江家池街，极有可能是双桃泉。20世纪40年代后，就再也寻不到任何遗迹了。

灰湾泉

灰湾泉是五龙潭东侧的一处历史名泉，已湮没数百年。

灰湾泉一名，最早见于金代《名泉碑》。元代于钦著《齐乘》转述《名泉碑》时曾加注释，在"曰灰湾、曰悬清"后注有"城西五龙堂东"等语。五龙堂位于五龙潭西岸偏南，则灰湾泉位于五龙潭附近。因与五龙潭邻近，且不知其具体位置，所以当代有不少人将灰湾泉视为五龙潭的别称。

灰湾泉在五龙潭东侧的说法，源自明崇祯《历城县志》、清乾隆《历城县志》和道光《济南府志》中的记载："灰湾泉，五龙潭东。"根据这一记载，灰湾泉很可能是东流水附近的一处泉水。

虽然文献中的记载很明确，但自清代开始，灰湾泉就已经不知其准确位置。清同治年间王钟霖在《历下七十二名泉考》中写道："五龙泉，在天镜泉北，名五龙潭。广而深。传有潜龙，祷雨灵应。潭上祀龙神，塑五龙，盘楹柱如生。晴午入庙，隐若欲雨。流为三娘子湾，一云灰湾。"此时已寻找不到灰湾泉，只能根据文献记载，去推测其位置，将五龙潭迤北、贤清泉一带的三娘子湾称为灰湾。

乾隆《历城县志》中关于灰湾泉、双桃泉的记载

（一二）迴龍潭
即灌纓泉水之北流者，經曲水亭，達百花橋，注入百花洲。

（一三）灰 灣
在五龍泉東，流經城西北壕，入清河。

（一四）錦纜溝
在桿石橋下，西南山水所注，經迎仙橋，又北流，自標山東注於濼。

（一五）山水溝
在趵突泉東南，千佛山，及南圩門一帶，夏秋間雨水所注，流經後營坊西，尚志堂前，入城壕。

（一六）舜 井
即舜泉，見前。

（一七）悉兵井
在布政司街，與玉環泉相對。

（一八）感應井
在北水門，北極閣下。

（一九）朗公井
在市城東南三十里老君崖下朗公廟，人往井上照之，能望見前世業根，飲此井中之水，能止人嗔殺貪淫諸種惡念。

（二〇）羅姑井
在縣東巷，即羅姑泉，又名瞽女池，相傳為羅士信故宅，劉廷式聘女而瞽，竟娶之，庭下得泉成池，瞽女凡三飲其水，而得三男，又號瞽女池。

王初桐詩，玉虎同牽汲水絲，東亭茶讌夏初時，郎心自愛羅姑井，妾意終憐瞽女池。

濟南市山水古蹟紀略

三九

1942年《济南市山水古迹纪略》一书对灰湾的记载

1928年出版的《历城县乡土调查录》中也保持了这种看法，推测称："灰湾泉，在五龙潭东，疑即悬清泉之水汇也。"不论三娘子湾还是悬清泉，都在五龙潭北，显然与"灰湾泉，五龙潭东"的记载不符，这种推测并不能成立。

  民国时期，五龙潭东北处的显明池街 9 号院内曾有一处泉池，附近居民将其称为灰湾泉。1933 年 5 月 28 日《申报》刊登的《鲁建厅疏浚济南名泉》通讯中，曾提到这处泉："灰湾泉，昆明池九号后院，泉名系由探询而得，确否待证。""昆明池"系"显明池"的误写，但这是真正的灰湾泉，还是新泉借用古泉名，就不得而知了。1942 年出版的《济南市山水古迹纪略》将此泉收录到书中："灰湾，在五龙泉东，流经城西北壕，入清河。"此后，再也不见灰湾泉的任何记载。

迎仙泉

迎仙泉位于天桥区顺河街西圩子壕东岸、英贤桥南,为泉群外孤泉。泉水喷涌而出,常年无歇。泉池为石砌正方形,边长 2.3 米,深 1.3 米。泉池边有济南市名泉保护管理办公室于 2009 年所立的迎仙泉碑,碑东面镌刻的"迎仙泉"为书法家杨炳云书写,西面镌刻有《迎仙泉碑记》。泉水溢出泉池,流入西圩子壕。

迎仙泉是一处人工钻孔泉,为 20 世纪 50 年代末普利门水厂钻挖的取水点,曾被封堵过。迎仙泉最初无名,因其北英贤桥旧称"迎仙桥",故 2009 年将此泉命名为"迎仙泉"。

迎仙泉下的河道名为西圩壕,是清代济南圩子墙的壕沟。清咸丰十年(1861)为防捻军,在济南城墙外修筑土围。同治四年(1865)改为石圩,称圩子墙。墙下挖有一道壕沟,俗称圩子壕,今名玉绣河。未建圩子墙前,这里就已经有水道存在了,原名锦缠沟,是一条行洪河渠。锦缠沟由北宋齐州知州曾巩为导流南山洪水而挑挖,乾隆《历城县志》记载道:"锦缠沟,在杆石桥下,西南山水所注,经迎仙桥北流,入小河。"旧时锦缠沟自北小门附近折向东,汇入五龙潭诸泉汇聚而成的小河。清嘉庆十二年(1807)《重建迎仙桥碑记》记载道:"锦缠沟,无源之水也,而湍悍特甚。夏秋山水暴涨,自重坝乘高而下,黄流滚滚。"修建圩子墙时,利用锦缠沟的南北段水道,扩建为西圩壕。

迎仙泉北,有一桥横跨西圩壕两岸,称英贤桥。英贤桥原名迎恩桥、

迎仙泉　雍坚摄

迎仙桥，修建于明武宗正德十五年（1520）。之所以称为"迎恩桥"，是因为过去这里是西去的官道，北走燕冀、东连齐鲁，发往济南城的圣旨都要从这里经过，有迎接圣恩之意。康熙皇帝、乾隆皇帝数次来济南，都是由十王殿经过此桥到达济南城西门的。迎恩桥后改称为迎仙桥，明代诗人王象春在《济南百咏·西门道》诗注中有"行者自况于登仙，送者致美于青云"的说法。1929年后，为去除地名里的封建元素，改写作"英贤桥"。历史上，英贤桥曾多次重建。嘉庆十二年（1807），清代著名建筑师、济南人魏祥倡导重修迎仙桥。经过三个月的重建，迎仙桥"坚朴耐久，行人百年可不病涉矣"。

迎仙泉附近，曾是明代诗人刘天民的住所。刘天民，字希尹，又字槐庵，自号函山，世居济南城西锦缠沟西岸。刘天民与边贡、李开先交谊深厚，长女适边贡次子边习。明董复亨《繁露园集》将边贡、刘天民、李攀龙并称为"历下三绝"。晚年好为词曲，杂俗兼雅。

刘天民9岁时随父进京，接受私塾教育。弘治六年（1493），21岁的刘天民乡试中举，名动一时。但直到21年后，刘天民方进士及第。卸任知县的刘绪，得知儿子高中进士后，高兴至极，不顾体弱多病，进京为其传授为官之道，归家不久即病重而亡，刚上任的刘天民只得丁忧。期满后，先吏部主事，后户部主事，累官四川按察司副使，官职四品。嘉靖十四年（1535），49岁的刘天民辞官回乡，先居济南城锦缠沟，晚年隐居锦绣川北岸的吊枝庵。清代诗人董芸写诗怀念刘天民时曾提到过锦缠沟，其诗道："锦缠沟畔柳毵毵，未老抽簪野兴酣。忽忆南山佳绝处，青鞋布袜吊枝庵。"

迎仙泉水量很大，水质清澈甘甜，如今已成为一处开放的取水点。为了方便市民取水，济南市政府专门修建了通往泉水的阶梯护栏和取水平台，每天来此取水的市民络绎不绝。

无影潭

　　无影潭位于天桥区无影潭公园内，为泉群外的孤泉。泉水出露形态为涌状，水由潭底诸多细微岩孔涌出，长年不涸，积水成塘。泉池以石砌岸，为不规则形，长 22 米。泉池面积约 5000 平方米，水深 2 ~ 3 米，在济南二环以内诸泉中，泉池面积最大。

　　无影潭因临近无影山而得名，是济南新七十二名泉之一。无影潭是近几十年出现的，有关专家经实地考察后认为，为断层裂隙泉。无影山

无影潭　李华文摄

盛产黑砂石，多年掘沙逐渐形成深坑，山中涌出泉水汇流成潭，逐渐成为一处水域景观。潭中水质清澈、游鱼嬉戏，潭底怪石嶙峋、暗影绰绰，潭边芦苇丛生、青石砌岸。

1986年，以无影潭为主景观，辟设游园，于潭东叠石成山，设置水闸；潭北平扩花圃，修造水榭；潭周青石砌岸，遍植花木藤萝。2004年被评为济南七十二名泉后，又新建广场曲桥，配备健身娱乐设施，改称"无影潭公园"。2016年，再次清淤疏浚潭池，于南岸增置影壁，搭设栈道，砌绘名泉名士墙垣；于西门树立牌坊，整理广场，点缀若干园林小品，面貌焕然一新，是闹中取静的休闲去处。

无影山过去是一片沙石嶙峋的小丘陵，民间称之为"北山"。清末，山东机器局火药厂在这里建了一排火药库。山东机器局由山东巡抚丁宝桢创办，主要制造黑色火药，并造铅丸和铜帽等产品，后开始生产枪支弹药。光绪二十年（1894），中日甲午战争爆发，山东沿海军务紧急，为加紧赶造军火，巡抚李秉衡扩山东机器局，添造机器，加盖厂房。光绪二十三年（1897），又向德国购进既能制造抬枪又能兼造毛瑟枪的机器60余部、各种配件和工具170多种，同时建起了新式枪厂、枪弹厂、熟铁厂、轧钢厂、化钢厂，机器局规模再次扩大。山东机器局每年生产黑色火药十余斤，为避免危险，在机器局西南七里的无影山建造了火药库房30座，可储存火药18万公斤。此后，人们将这座山称为"武英山"。1914年出版的《济南指南》中，已将此山称为"武英山"。

后来，武英山逐渐被讹写为"无影山"。1928年5月25日，无影山军火库遭到日军轰炸，火药库全部被毁，黄岗周围民舍多有震塌。此后，无影山成为正式地名。1928年底出版的《历城县乡土调查录》中，已经开始将此山称为"无影山"了。后有民间传说，无影山曾叫巨影山，山势高大，遮挡阳光、阻断道路，附近村民生活极为不便。一户崔姓人家带领子孙劈山开路，立志铲平巨山。二郎神被这家人的毅力感动，帮他们挑走了大山，把巨影山变成了无影山。

1969 年 4 月，当地农民在无影山南坡耕作取土时发现了一片古墓群，后来经考古工作者研究发掘，确定为西汉前期墓葬群，共发掘墓葬 14 座，在编号为 11 号的墓葬里，出土了一组彩绘乐舞、杂技、宴饮陶俑。这套乐舞杂技彩绘俑，出土时放置在一个长 67.5 厘米、宽 48 厘米的陶盘上。俑高 21.7 厘米，共 21 个人物，其中乐工、表演者和观赏者各 7 人。陶俑中，既有跳舞的舞姬，也有表演杂技的演员，还有负责吹拉弹唱的乐师，以及观看表演的客人。除此之外，还包括了演奏的乐器、桌椅、酒瓶等一众物事，生动再现了 2000 年前的一场宴会场景。这组汉代乐舞杂技陶俑形象生动，角色完整，被评为国家一级文物。此外，无影山汉墓中还出土了一白一红两只陶鸠。陶鸠两翼伸展，两只各载一壶，一只陶鸠的两翼负彩绘陶壶，另一只的两翼负鼎。负壶陶鸠的造型简朴豪放、生动逼真，是汉代陶塑之珍品，具备极高的历史价值和艺术价值，现藏于济南市博物馆。

无影潭　陈明超摄

小无影潭

　　小无影潭位于天桥区无影山中路与无影山路交叉口东南角、无影潭之西南方直线距离 265 米处，为泉群外的孤泉。水源由无影山多处岩石渗流之水涌聚而成，积水成潭，长年不涸。潭池呈不规则形，以自然石驳岸，长 22 米，泉池面积约 5000 平方米，水深 2～3 米。泉池中间架曲桥一座，水面被"之"字形桥分割成两部分，桥端建有凉亭。

　　小无影潭旧称"浅水滩"，因地处无影山，面积又小于附近的无影潭，故得名"小无影潭"。同无影潭一样，小无影潭也是因多年挖砂而形成的。

春日小无影潭　王琴摄

秋日小无影潭　雍坚摄

　　小无影潭原位于天桥毛巾厂内，天桥毛巾厂拆迁后，此地块开始建商品房。2019 年前后，伴随着潭东南侧影山府邸小区的建设，天桥区园林绿化部门对小无影潭及周边区域进行了美化、绿化和景观提升，在此建成小无影潭社区公园。假山竹林、曲径小路、亭台楼阁融为一体，整体布局疏密有间，错落有致，已经成为附近居民休闲娱乐的好去处。

田庄苇塘

田庄苇塘位于天桥区泺口街道天鹤园小区二区清泉名苑内，为泉群外的孤泉。泉水出露形态为渗流，积于池中，长年有水。泉池为石砌方池，边长 1.1 米，池外以青石护栏围护。旱季时水面距地面 1 米多，雨季时水面上涨，一般不会溢出。泉水流出后，往北注入小清河。

田庄苇塘位于原田庄村，也称田庄泉。田庄苇塘所在位置是无影山西北角，泉水从无影山黑砂石下渗流而出。无影山产青砂，当地百姓在此挖砂，后来就在泉口周边形成了一个几亩地大小的水塘，因为长有芦苇，此后就被称为"田庄苇塘"。2015 年天鹤园小区二区开发清泉名苑时，田庄苇塘的洼地被垫平，将泉池修成了如今的形状。

田庄苇塘　雍坚摄

永济泉

　　永济泉位于天桥区北园街道北园立交桥西北角，为泉群外的孤泉。泉池以不规则自然石驳岸，池边建有四角泉亭，横架于泉池之上的曲桥与泉亭相通。

　　永济泉原位于济南第一印染厂内，是该厂在进行基础建设时无意挖掘出的。当年，泉水蓄积为池，用作染布的生产用水。此泉最初无名，因在古永济闸附近，故得名为"永济泉"。

　　永济泉多年来一直未曾干涸，水质甘冽，四周居民常前来取水使用。2021年，该泉被收录进305处新晋名泉名录中。同年，园林部门对永济泉进行了景观提升改造，在泉池周边安装了石制护栏，在泉眼上方安装了带有石雕的出水口。通过景观提升改造，永济泉不仅保留了自然风貌，也获得了新的生命和活力。

永济泉全景图　邹浩摄

永济泉泉眼 耿仝摄

永济泉 邹浩摄

云锦泉

　　云锦泉位于天桥区北园街道西泺河路文忠园西侧游园内的花丛中，为泉群外的孤泉。井口分内外两层，外层为黑色八角形石材，里层为圆形汉白玉石材，井内泉水充盈。

　　云锦泉所在的文忠园，是为纪念元代文学大家张养浩而建的，附近区域乃张养浩云庄旧址。云庄中有一云锦池，清同治年间，王钟霖在《历下七十二名泉考》中将云庄的云锦池视作"云锦泉"，称"云锦泉，元历城张文忠公养浩云庄之云锦池也，在城西北十里药山下。云庄久荒，泉殊未改，泉水甘冽"。今云锦泉不远处有个池塘，传说是张养浩当年

云锦泉　邹浩摄

闲居云庄时的云锦池。

张养浩（1269—1329），字希孟，号云庄，山东历城（今山东省济南市）人，元代散曲家。他自幼为学勤苦，《元史》中记载道："年方十岁，读书不辍，父母忧其过勤而止之，养浩昼则默诵，夜则闭户，张灯窃读。"张养浩19岁时，受张宏子孙之邀，登珍珠泉畔的白云楼，写下了名噪一时的《白云楼赋》，人们争相传抄。山东按察使焦遂看到后十分欣赏，遂推荐他为东平学正。至元二十九年（1292），23岁的张养浩来到大都求仕，他向当时的平章政事不忽木献上了自己的文章，不忽木十分欣赏，便任命张养浩担任礼部吏史，后来又推荐他进了御史台。张养浩仕途顺利，一生经历了世祖、成宗、武宗、英宗、泰定帝和文宗数朝，历仕礼部、御史台掾属、太子文学、监察御史，官翰林侍读、右司都事、礼部侍郎、礼部尚书、中书省参知政事等。

元至治元年（1321）六月，时任参议中书省事的张养浩因父亲年迈需要奉养而辞职，返回家乡济南。元代高官多建别业，张养浩营造别业的想法由来已久。就在张养浩回乡归隐的前一年，他便开始在云庄改造别业，"宅地一区，始皆茅茨且狭，今年侈而易之以瓦"。当他返乡时，堂室已落成，有感于隐居田园的梦想实现，取堂号"遂闲堂"。张养浩把其祖父张山所植的梨、杏、桃、柿等林木命名为"雪香林"，林边建绰然亭，亭前有云锦池，亭东有处士庵。张养浩称云锦池为"云水一铜镜，霜林万锦机"，这是他命名此池的依据。

云庄景致怡人，张养浩记述道："环以荷芰，岸树倒影，池水益绿。当其雨之霁而日之夕也，云与山若相娱嬉，往来出没锦翠间，愈变而愈齐。客至，即盘果于林，筌鱼于渊，或饮，或馔，或游历咏歌以穷厥胜，人既欢洽，物亦随适。"张养浩常穿着长衫，戴着宽沿的帽子，拄着手杖，在园中边走边吟诵，逍遥自在，自谓"六十相近老形骸，安乐窝中且避乖"。

张养浩曾写过云锦池一年四季的风光。春季，他信步芳池边，看"风生水纹绿"，"聚散鸥乱飞，出没鸭争浴"，大自然与万物的勃勃生机，使得他诗兴大发，于是"举头见青山，新篇又须录"。夏日，云锦池"繁枝已成荫，稚荷亦田田"，张养浩常邀集友人煮酒赋诗、啸傲莲池。席间，张养浩吟诗道："况有二三子，朝夕事歌弦。平生丘壑心，自喜千万全。"他欣喜地认为，能够享受到这样美好的田园生活的人是不多的。

张养浩归家闲居的第一年，朝廷就命他为礼部尚书，他以父亲病危为由拒绝。这年年底，其父张郁去世，张养浩在家丁忧守孝。第二次，因国学废弛，中书省建议恢复张养浩参议中书事的官职，他以为父丁忧的理由拒绝。第三年，朝廷又以吏部尚书之职召其任职，张养浩以能力不足请辞。第四年，朝廷以太子詹事丞兼经筵说书之职召张养浩任职，张养浩启程赴任，到通州后又称病请辞。之后，朝廷以淮东廉访使之职召张养浩入朝，他依旧不赴。归家第七年，相濡一生的妻子郭氏去世，

2021年，张养浩云庄中的云锦池　雍坚摄

其所生六个孩子，五个先他而去，"五子咸夭，盖有未晓。盖有未晓，且弗寿考"。张养浩更抱定了终老家乡的念头。

天历二年（1329），在云庄安度晚年的张养浩再次接到了朝廷的任命。陕西由于连年干旱，"饥馑疾疫，民之流离死伤者十已七八"。过去的征召，无论是吏部尚书还是太子詹事丞兼经筵说书等职务，皆为高官，而这次，仅为陕西行台御史中丞，他却接受了。张养浩到任之后，"凡所以利民者，无所不用其至"。这年七月，张养浩挂念百姓，"每一念至，即抚膺痛哭，遂得疾不起"，病逝于任上，享年60岁。元文宗至顺二年（1331），朝廷下诏追赠张养浩谥文忠，归葬于济南云庄。

铁匠泉

铁匠泉位于天桥区药山西侧崖石下，为泉群外的孤泉。泉水自山石中渗流而出，平时出水量不大。泉池为石砌方形，边长 1.5 米，深 4 米。泉水甘甜，从未干涸，以前是村民主要饮用水源，通自来水后仍有附近居民取水饮用。

铁匠泉原为一无名泉，据说是百年前洋涓庄一个徐姓铁匠挖出来的。2011 年 8 月，济南泉水普查时成为新收录的泉点。2013 年济南市名泉办、民政局和济南市名泉研究会面向社会为 30 处无名泉征名，后报请济南市政府批准，将其命名为"铁匠泉"，命名缘由是其最初由徐姓铁匠挖掘而成。2021 年 3 月济南泉水普查时，此泉池底有水，水面距池沿约 2 米。

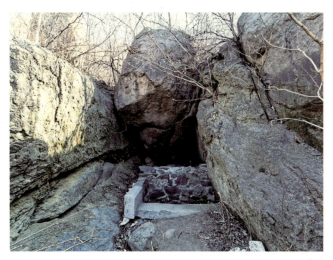

铁匠泉　耿仝摄

铁匠泉今貌　耿仝摄

药山西侧的洋涓湖公园　耿仝摄

铁匠泉所在的洋涓社区原名洋涓庄，据传清雍正年间，刘海夫妇和两个儿子刘文、刘虎从直隶枣强来此落居，以养羊为生，取村名为"羊圈庄"。后因庄名不佳，以这一带地势低洼，夏季汛期汪洋一片，改村名为"洋涓庄"。

铁匠泉位于药山山脚下。药山是济南"齐烟九点"之一，又称卢山、齐山、云山、阳起山。因九峰并列，如同形态各异的莲花，药山又名"九顶莲花山"，俗称"小九峰"。药山海拔125米，其山势险峻，怪石森耸，山上柏树参天、绿荫绵绵、泉水不绝。山西原有洋涓湖，盛夏时节，湖水清清，芦苇丛丛，荷花吐艳。山顶有庙，名万寿堂，祀雷公、伊尹、扁鹊、淳于意、张仲景、华佗、王叔和、皇甫谧、葛洪、孙思邈等十大名医。其旁为娘娘庙，庙宇宏伟壮观。

过去，药山盛产药材。元代《齐乘》记载："药山，出阳起石，极佳。"除此之外，山上还盛产半夏、远志、千头菊、茵陈、柴胡、生地等多种药材。相传，药山曾是古代医圣先师扁鹊的采药地。每年的农历三月初三，都会在药山举行大型的山会，远至河南、安徽，近到潍坊、临沂等地的百姓都来赶会。

如今，药山已经被辟建为山体公园，成为市区看山观水的好去处。